DIESES BUCH GEHÖRT

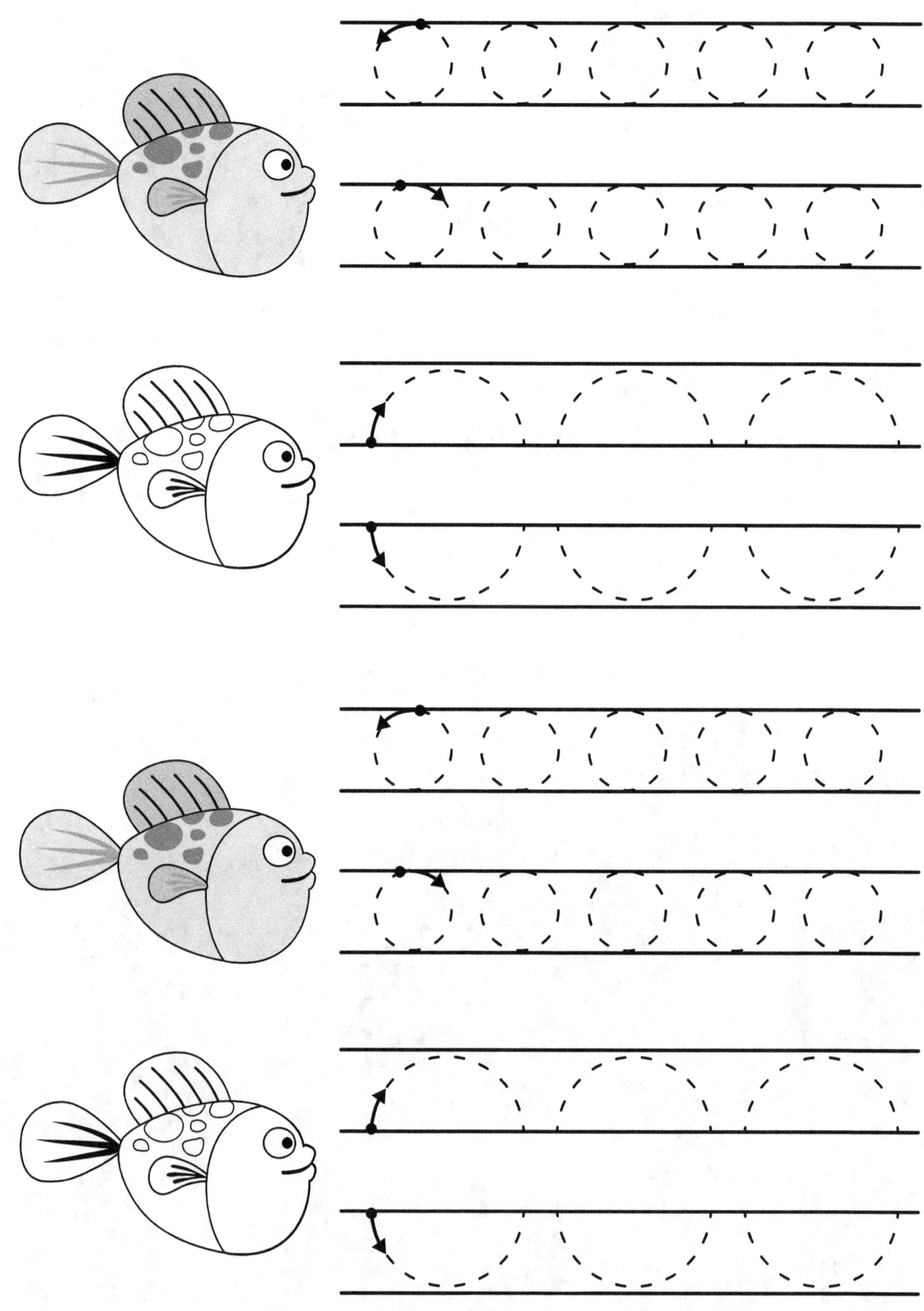

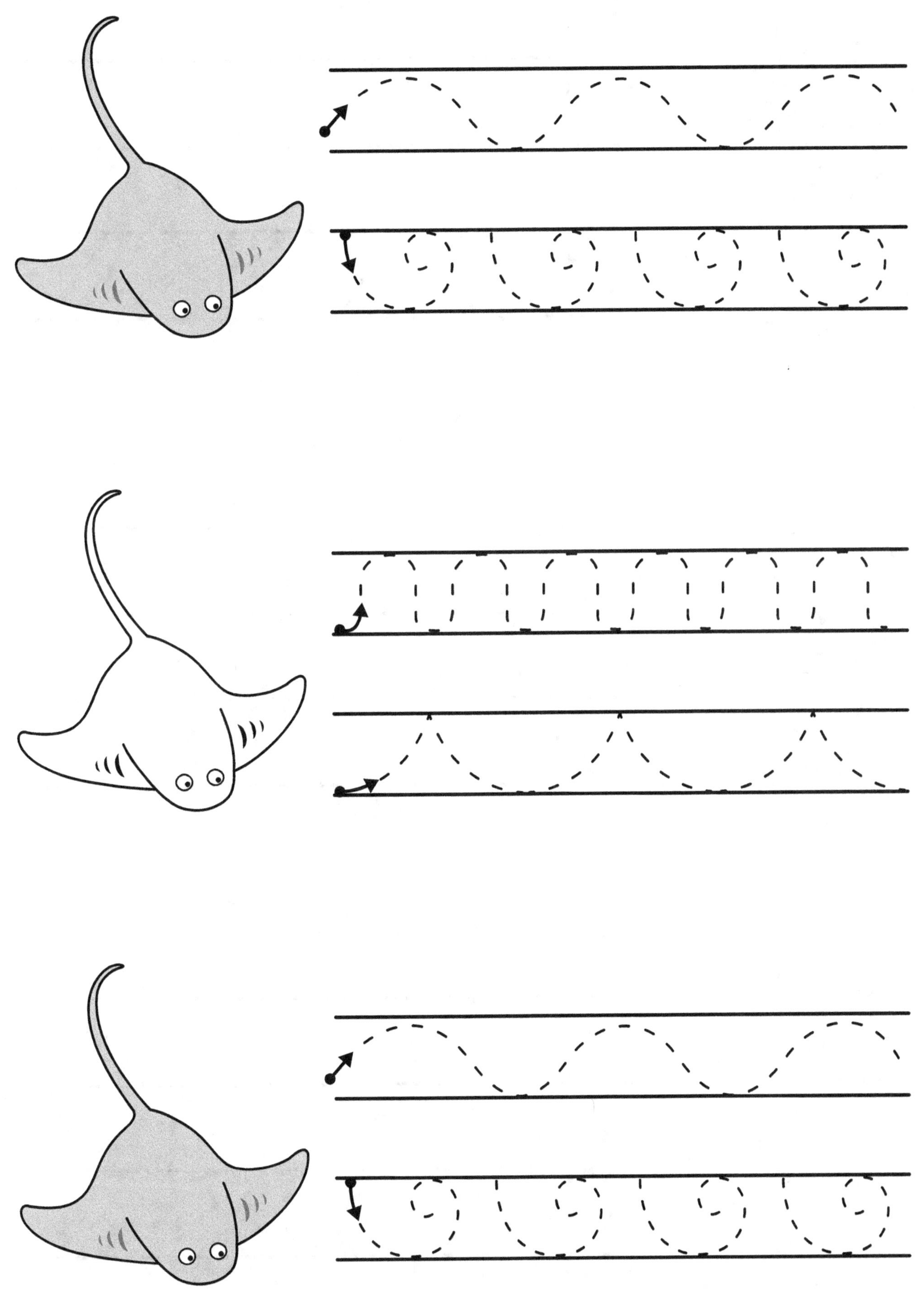

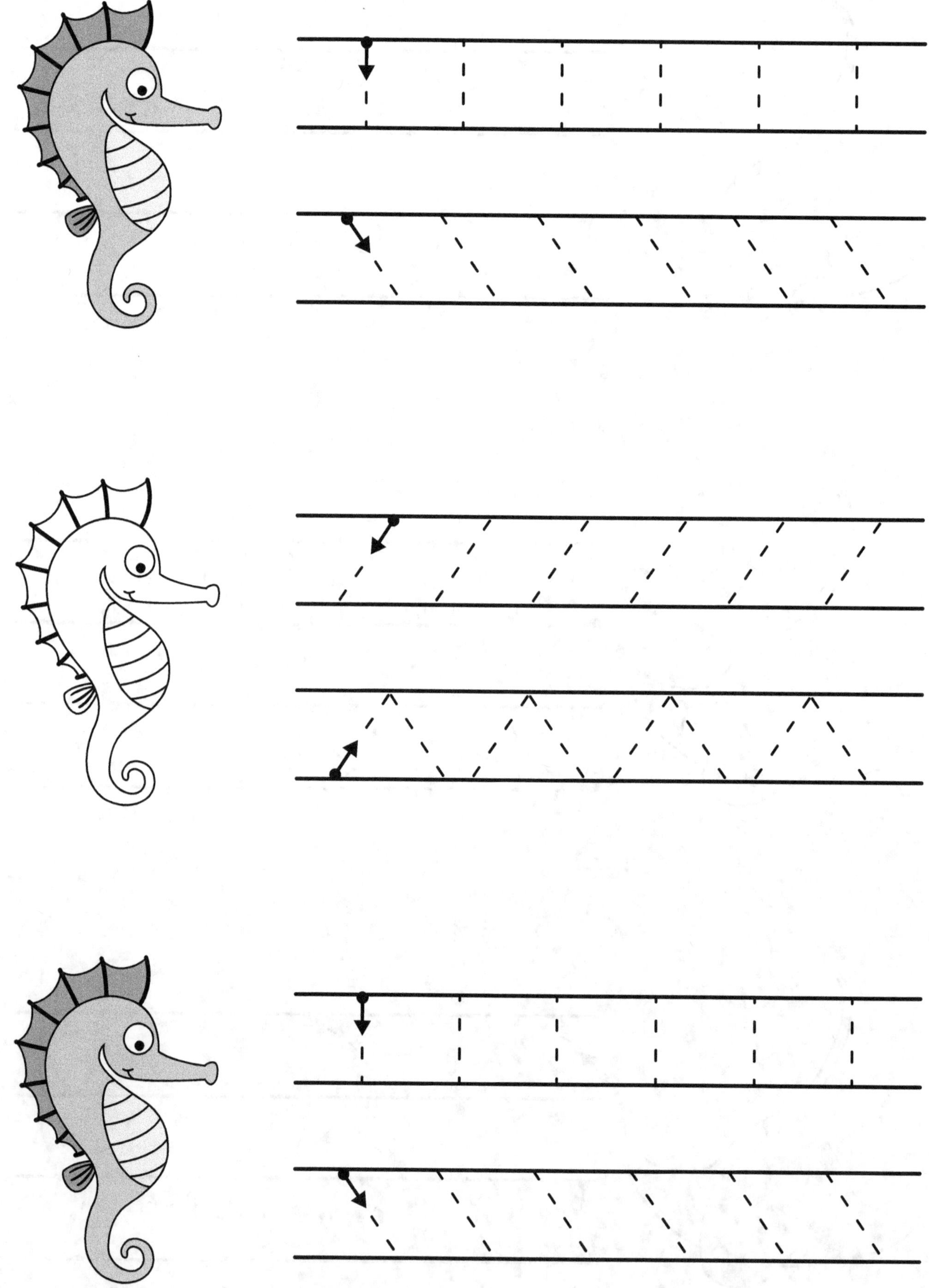

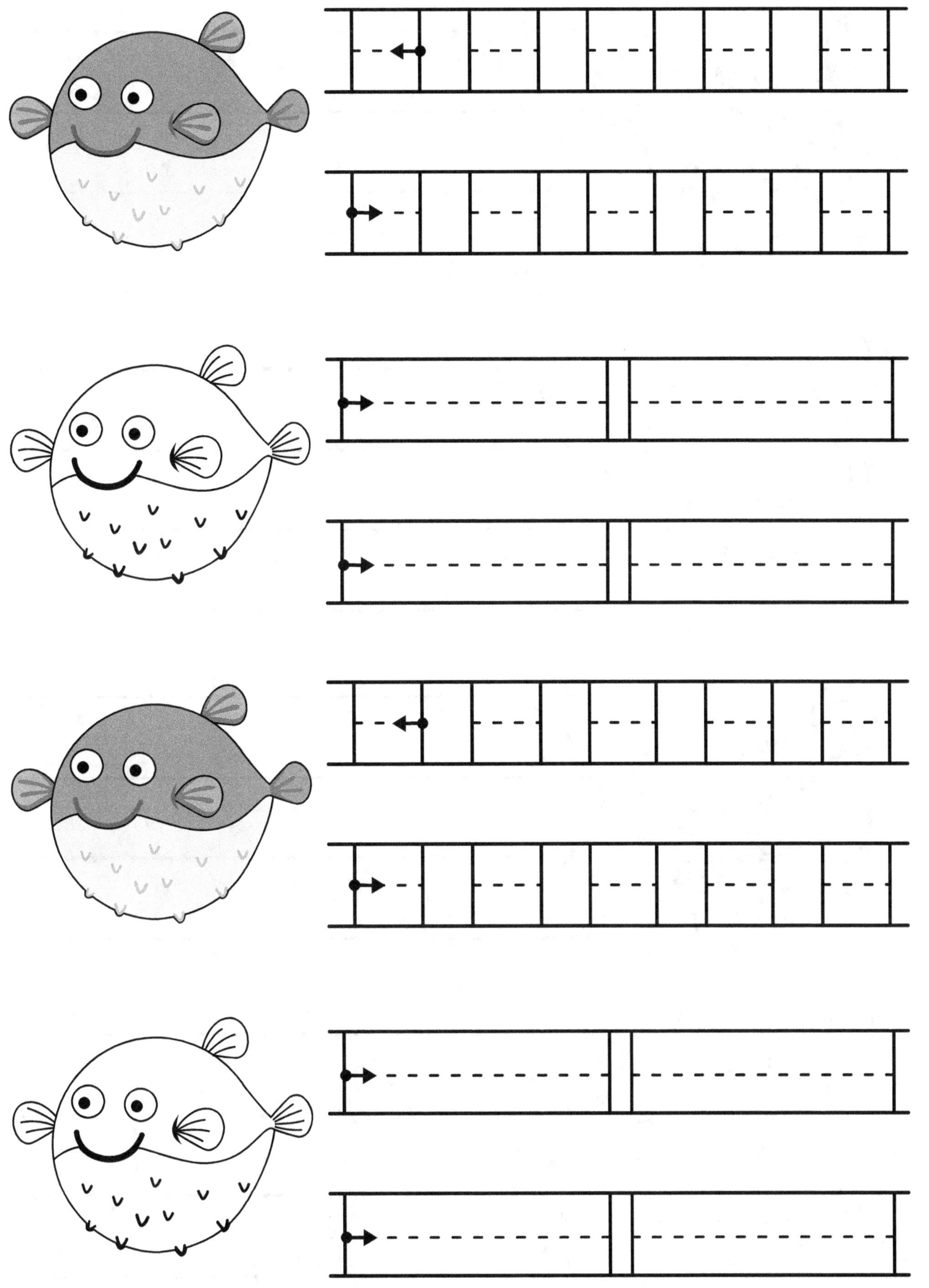

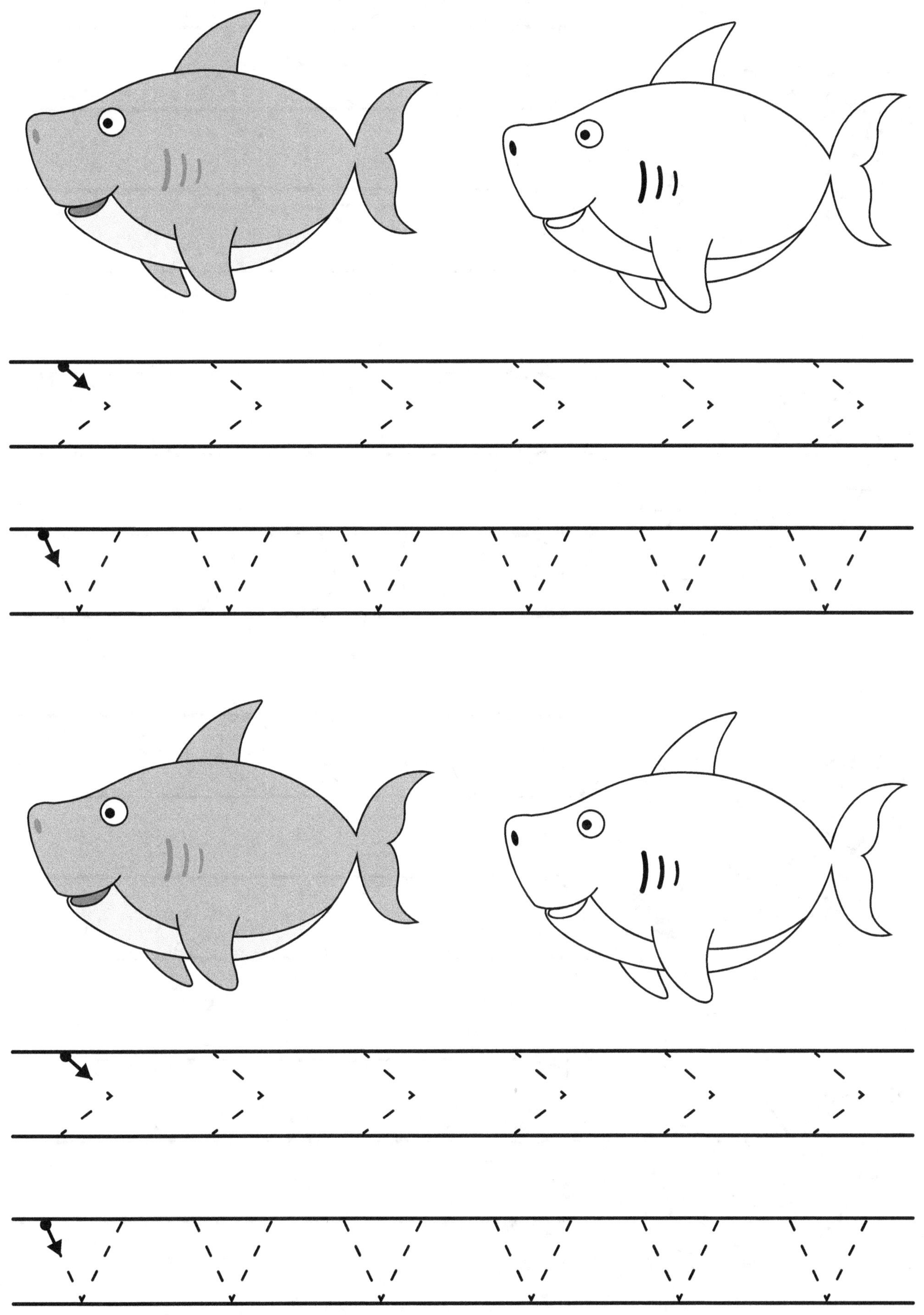

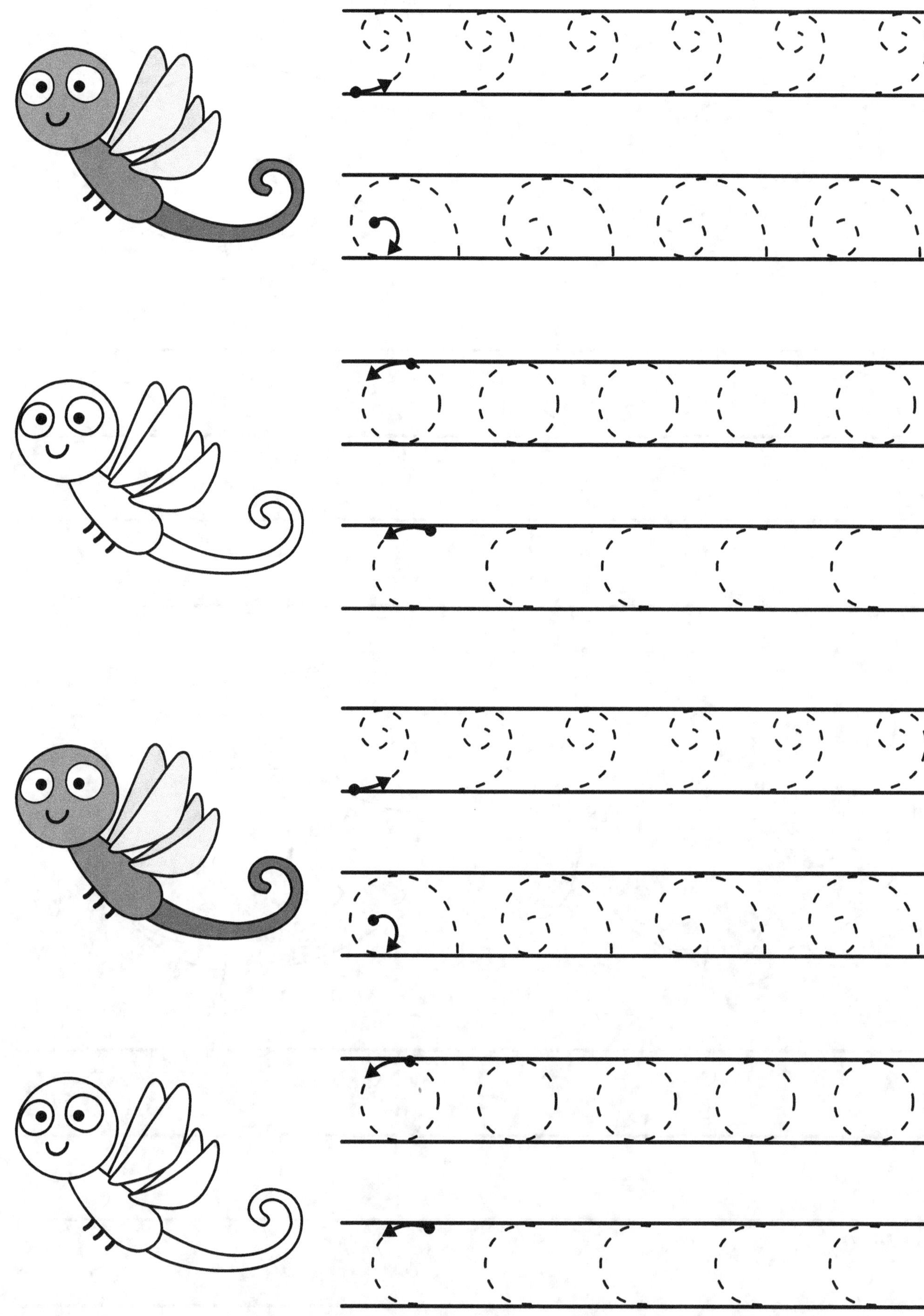

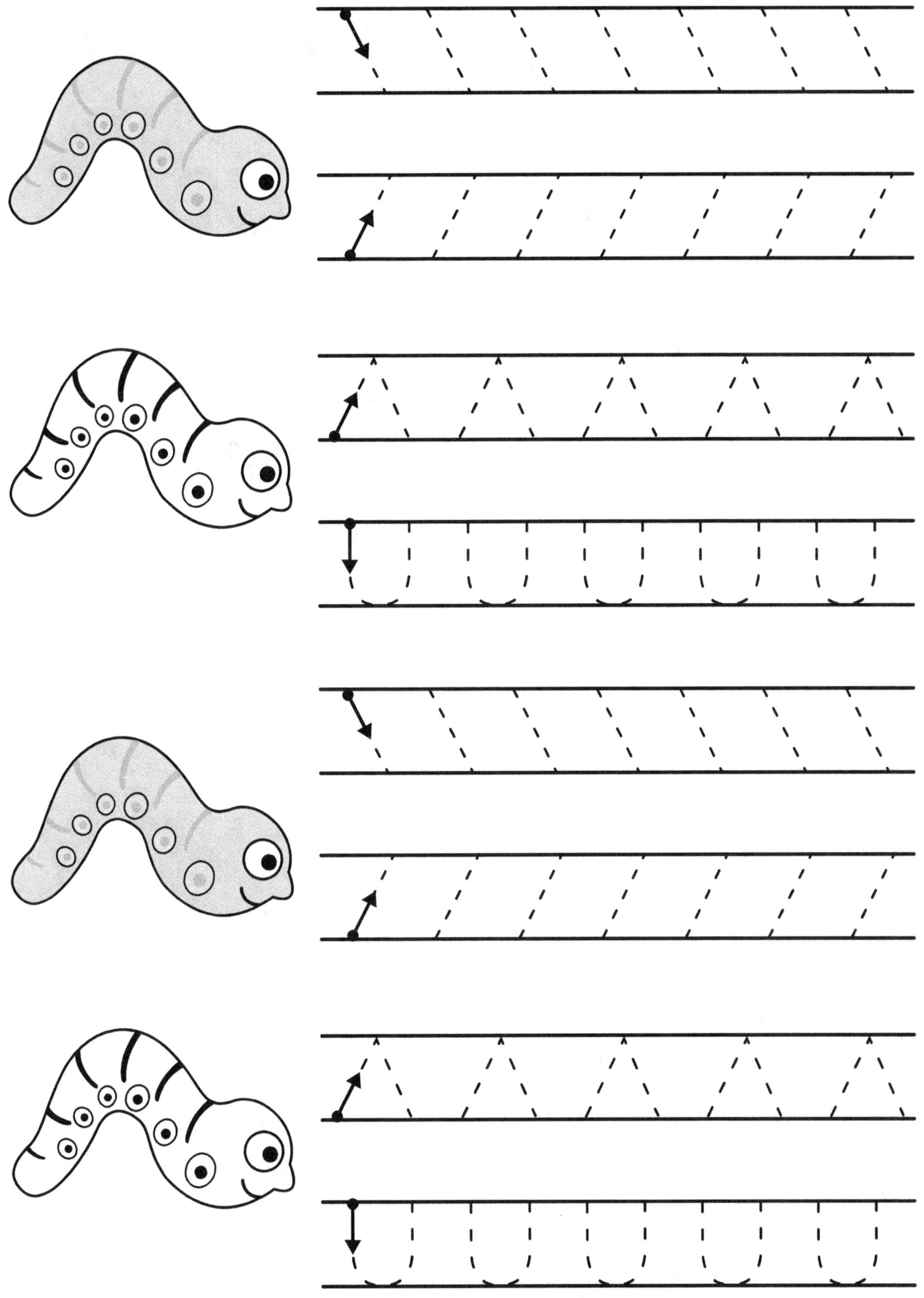

Das große A
wie Alligator

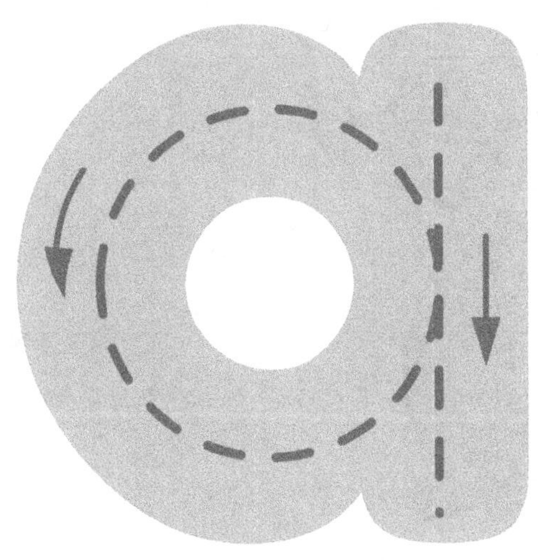

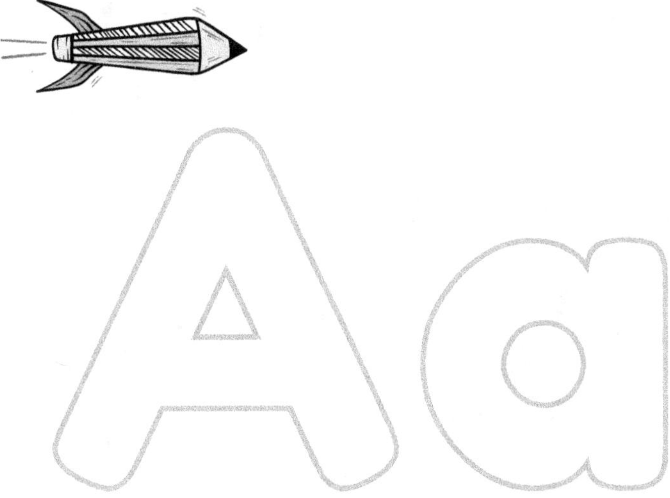

B B B B B

B B B B

B B B

B B

Das kleine b

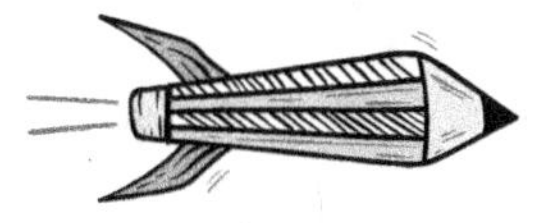

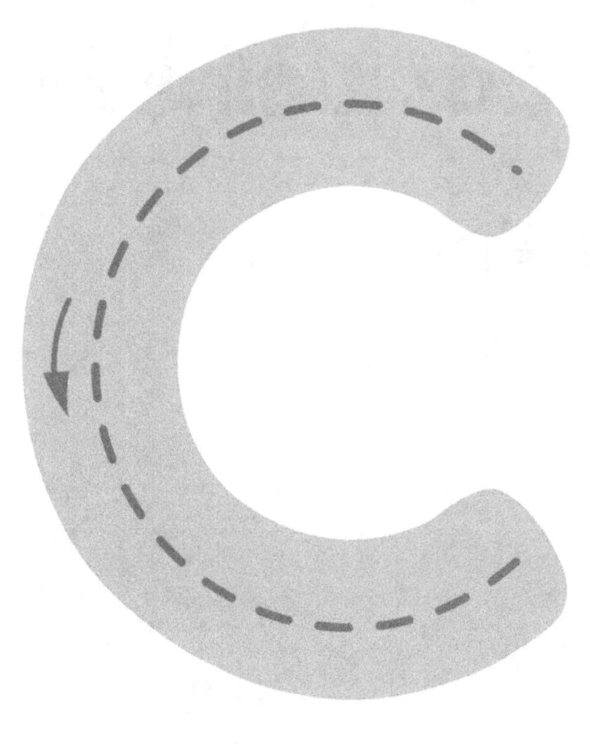

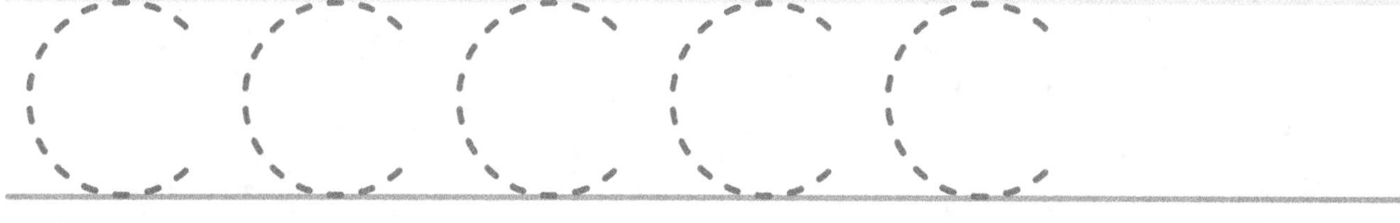

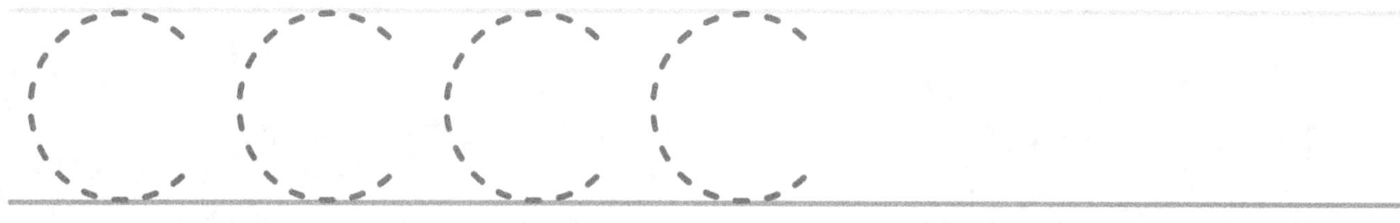

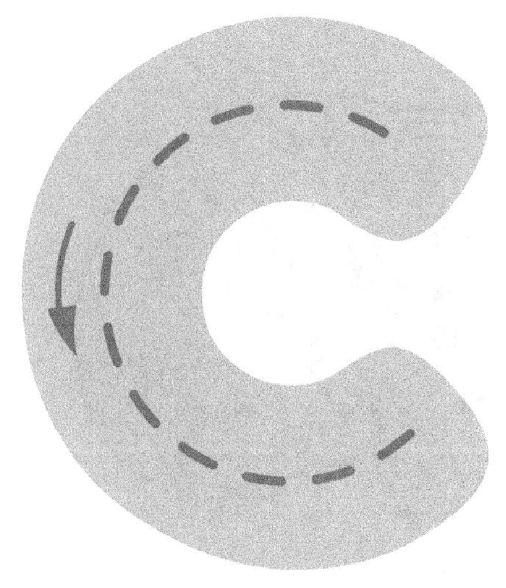

Das große D
wie Dachs

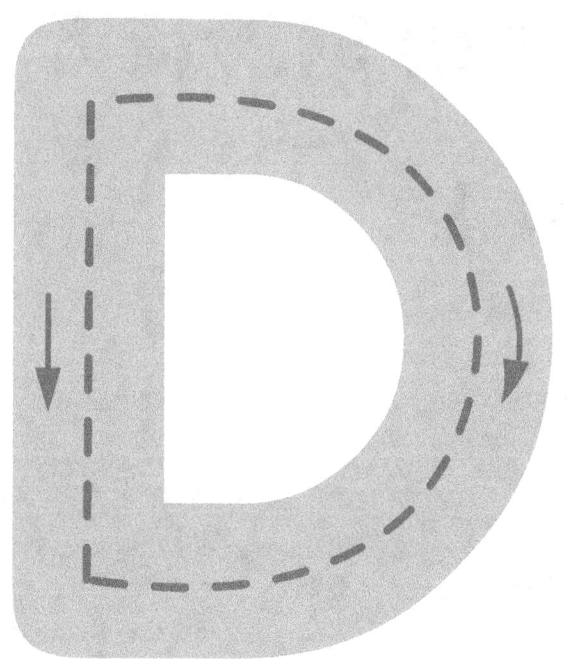

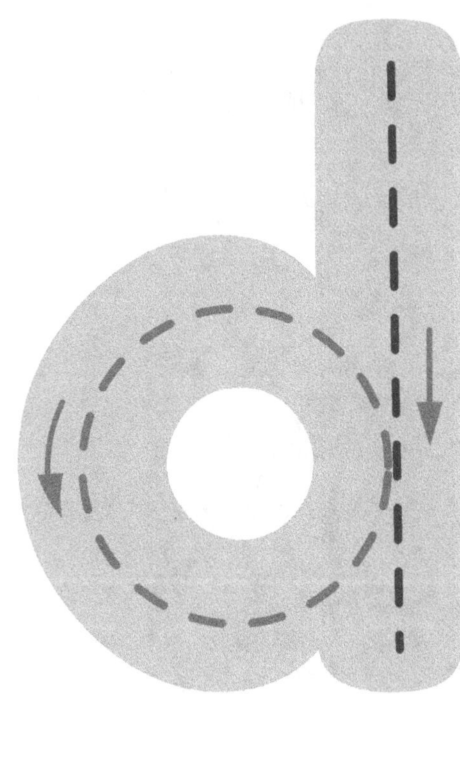

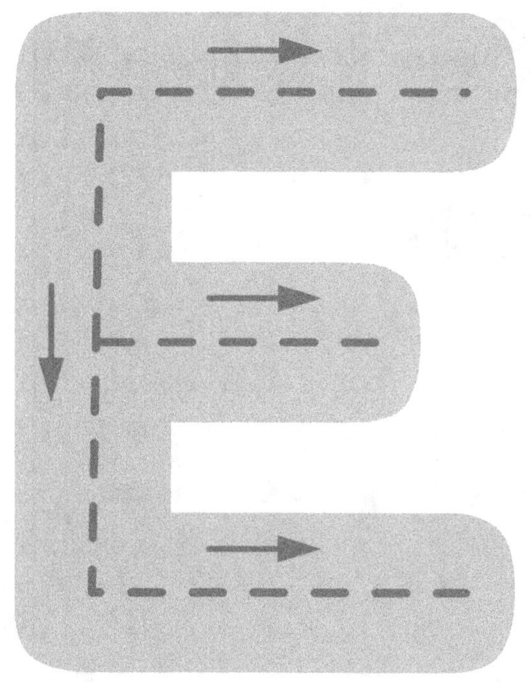

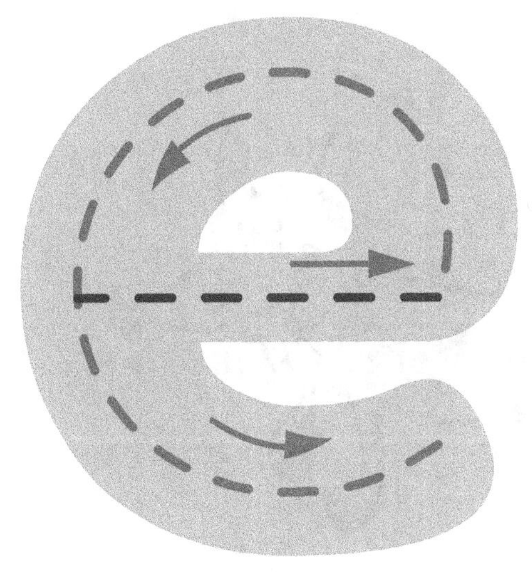

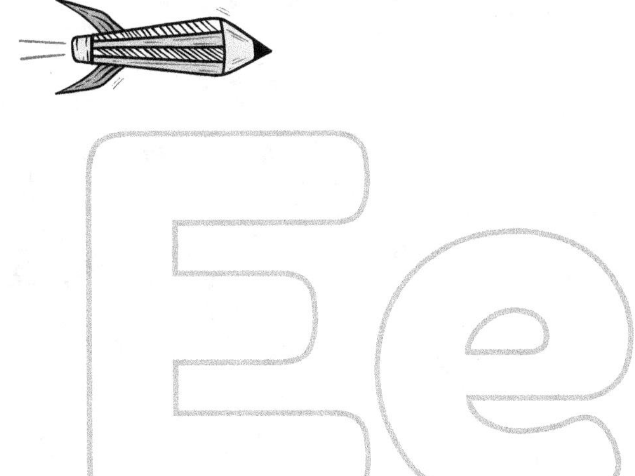

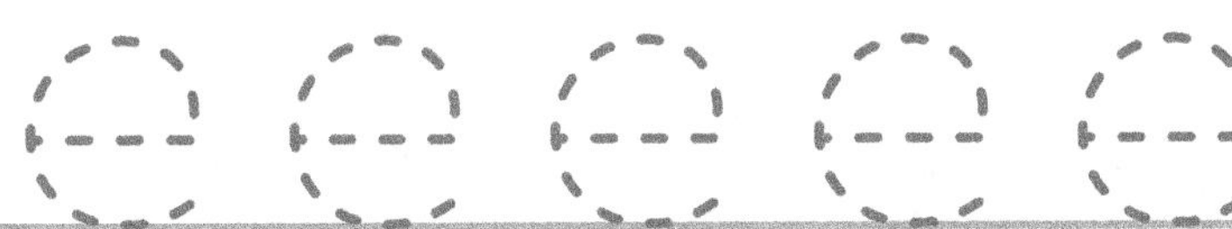

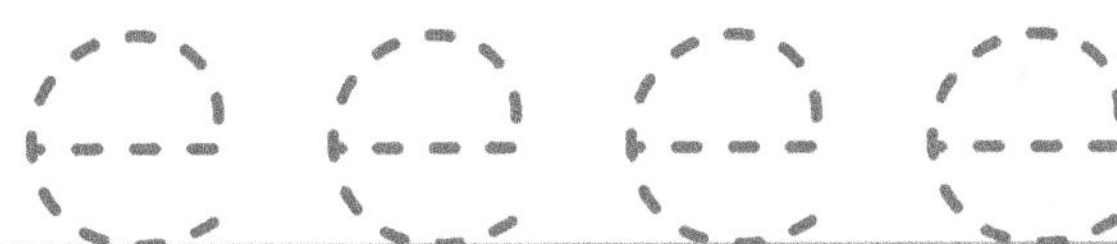

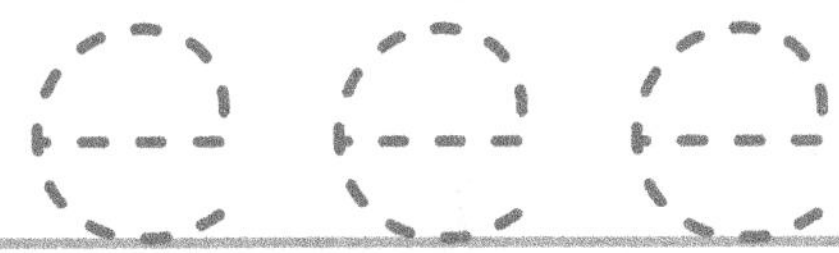

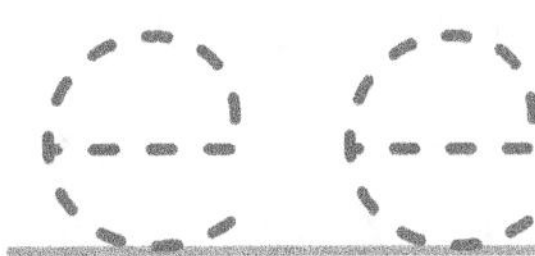

Das große F

wie Fuchs

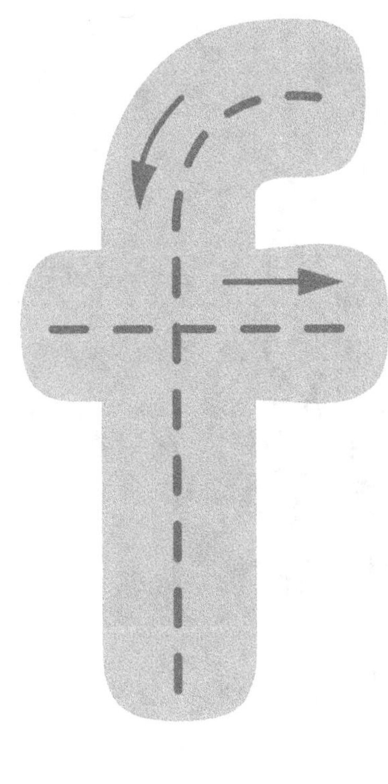

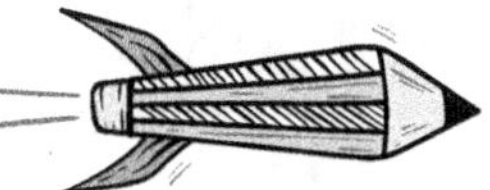

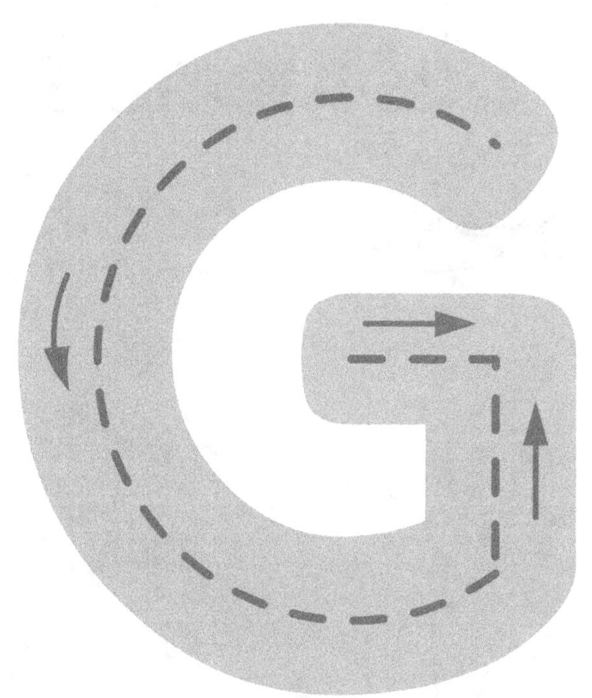

wie Gorilla

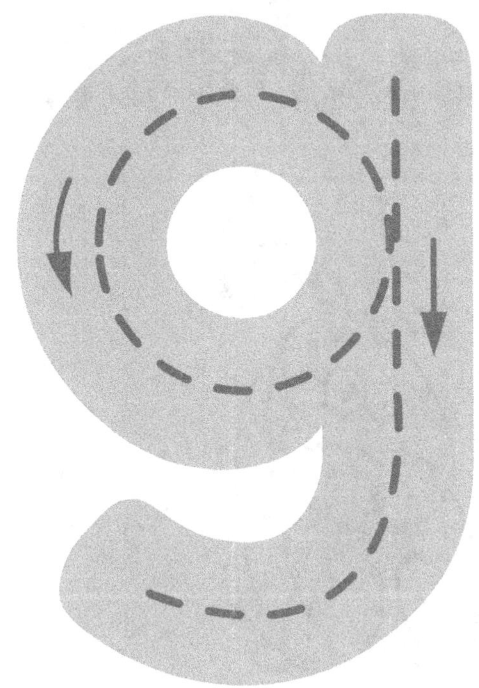

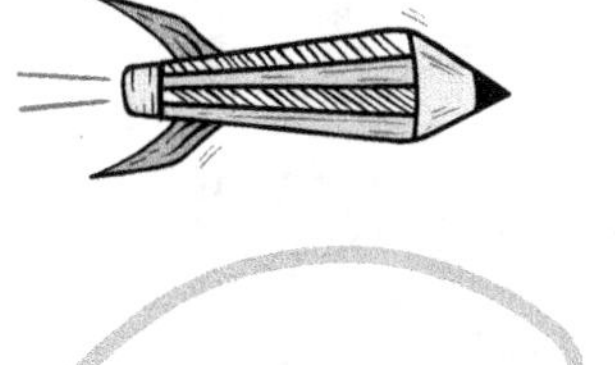

Gg

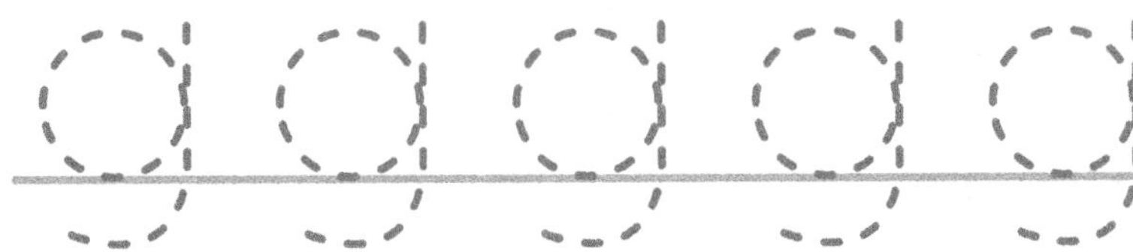

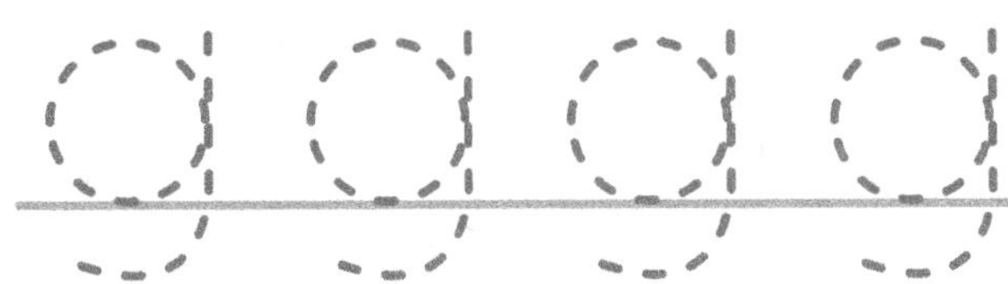

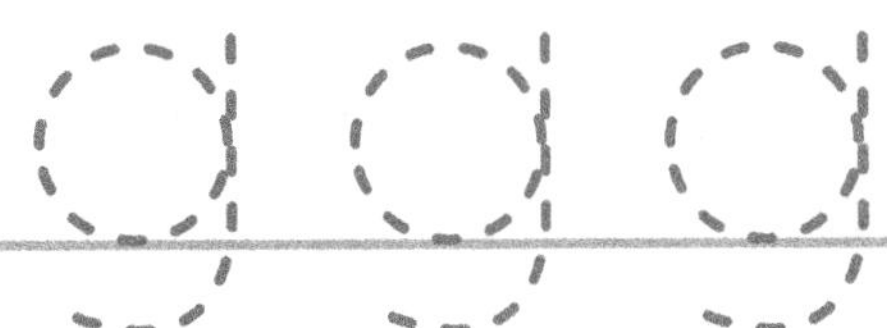

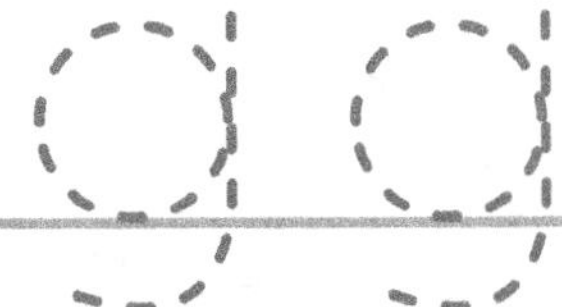

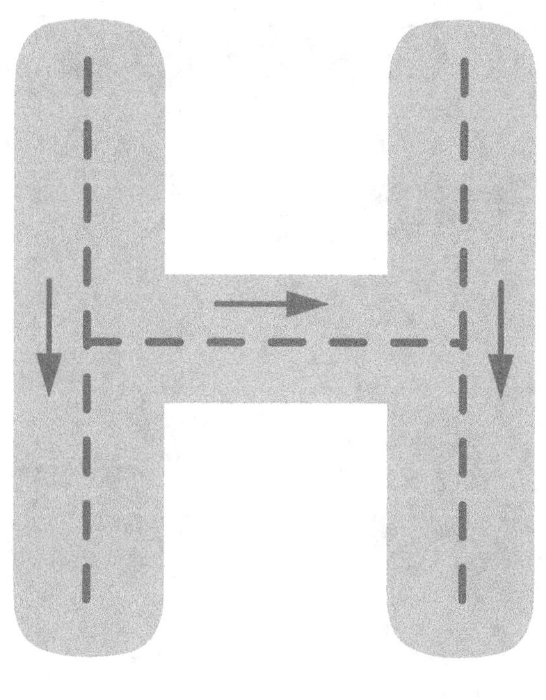

wie Hund

h

wie Igel

Das kleine i

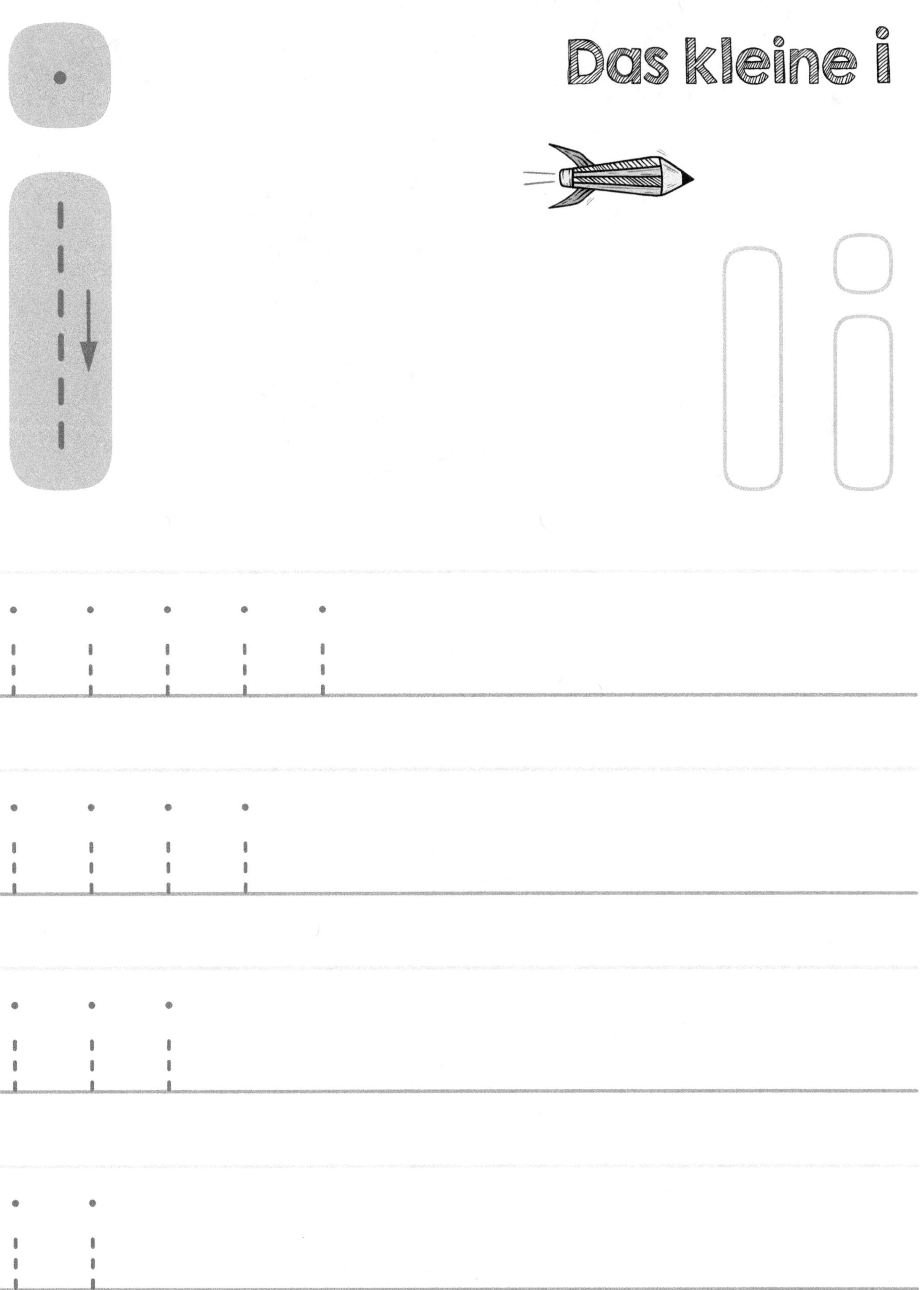

Das große J
wie Jaguar

Das kleine j

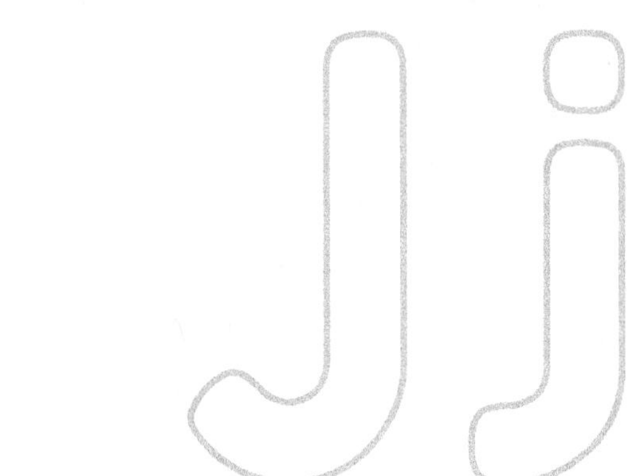

Das große K

wie Känguru

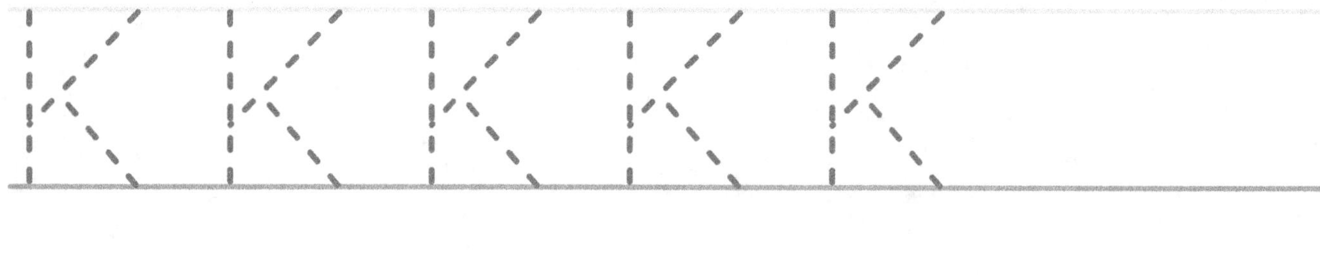

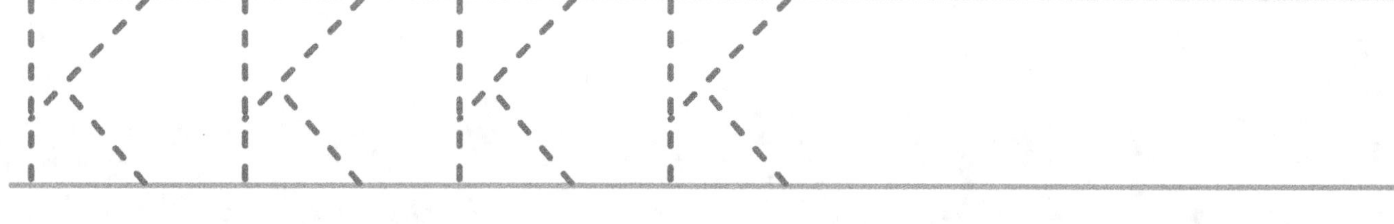

Das kleine k

Kk

Das große L
wie Löwe

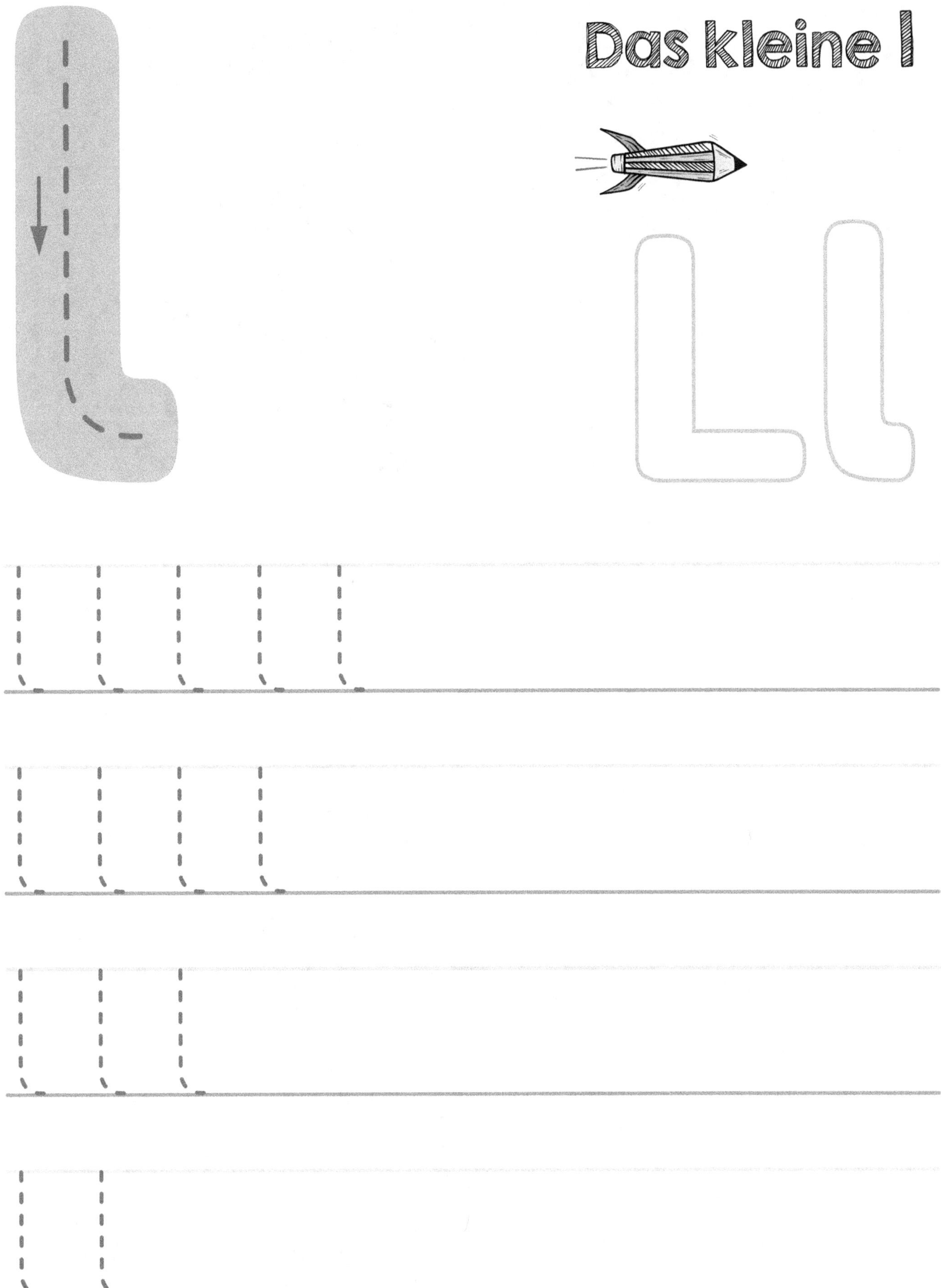

Das kleine l

Das große M

wie Maus

Das kleine m

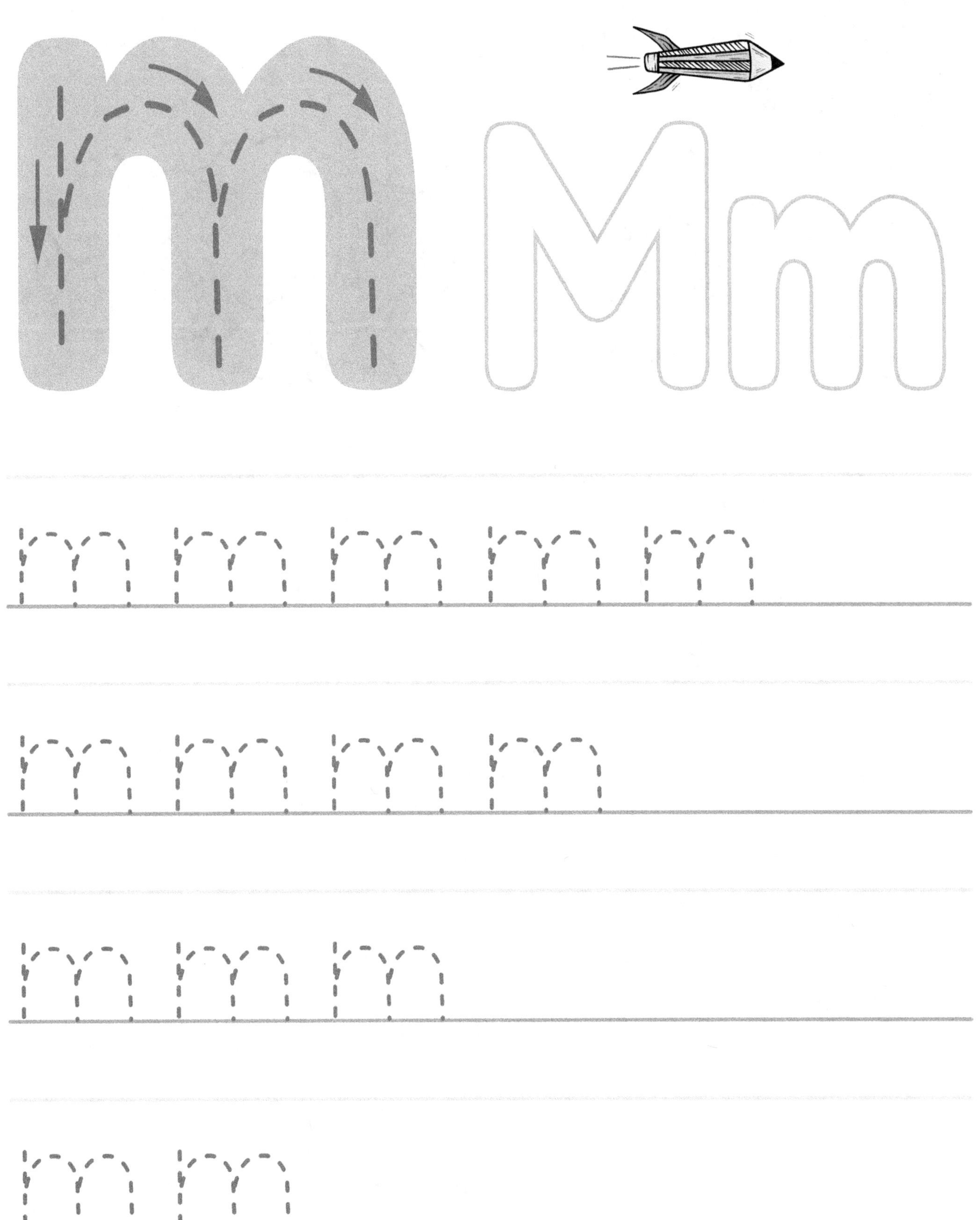

Das große N

wie Nashorn

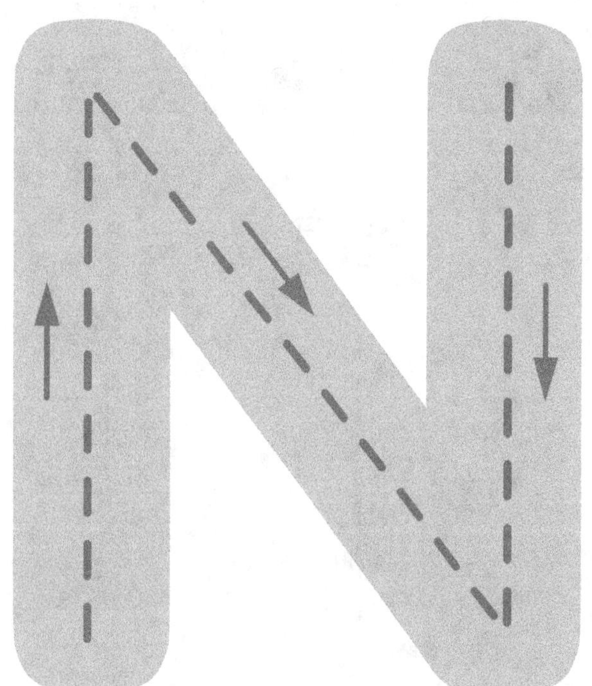

Das große O

wie Otter

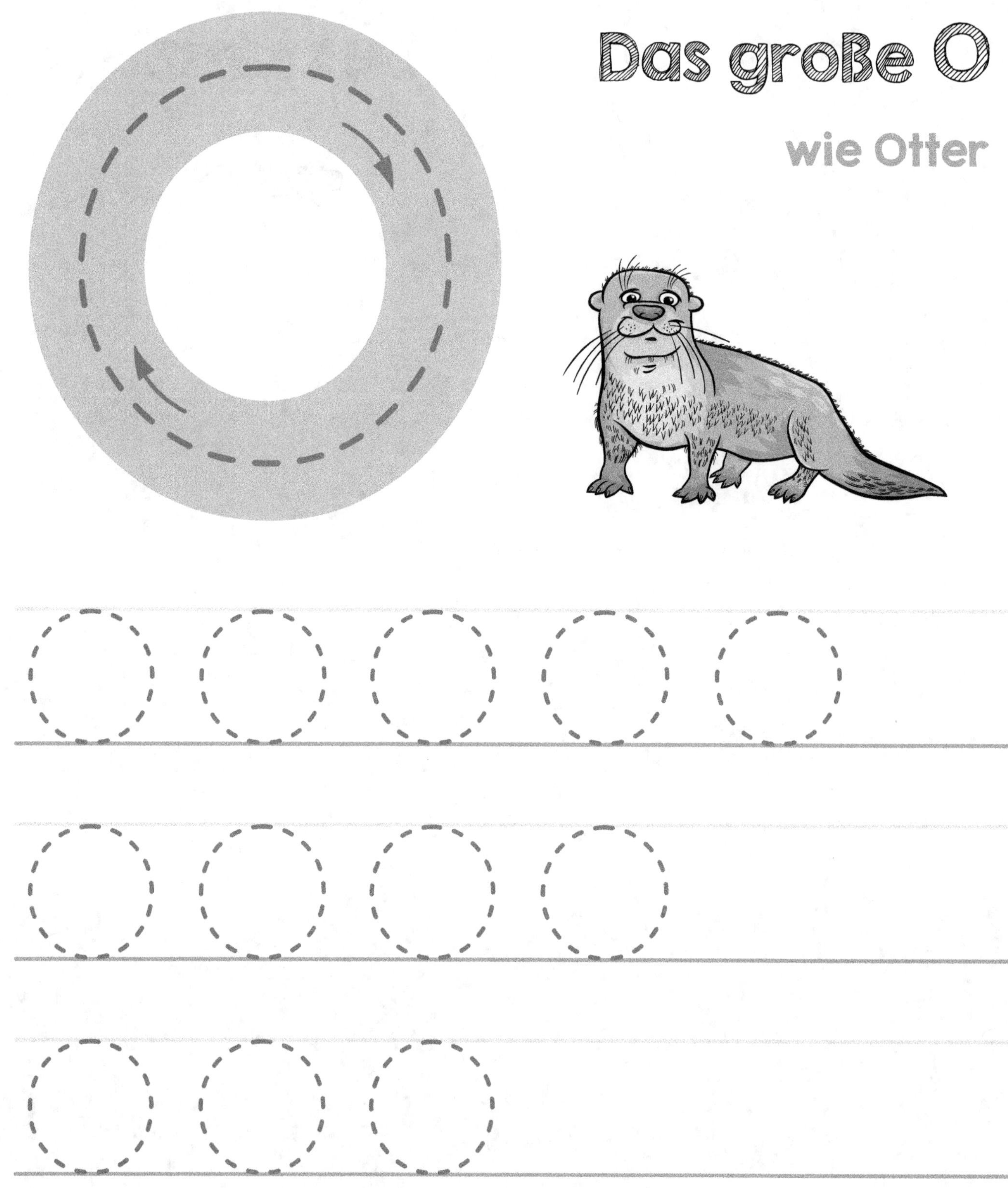

Das kleine O

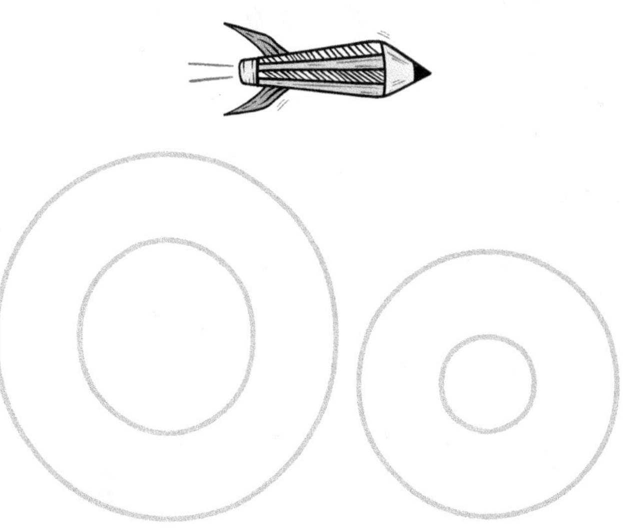

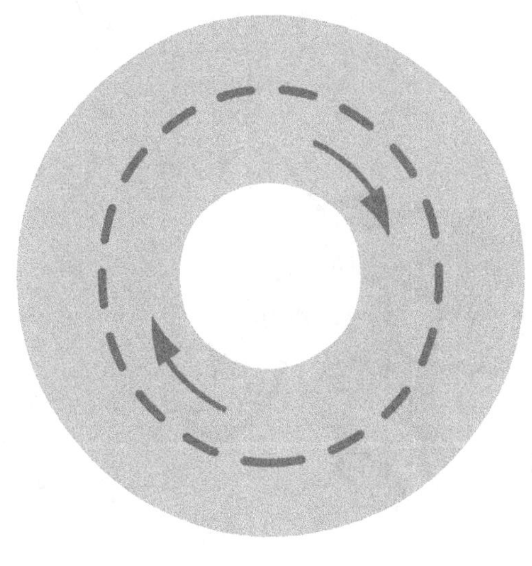

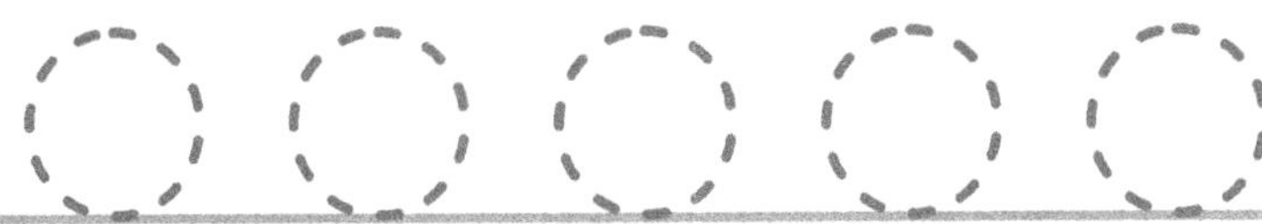

Das große P

wie Pferd

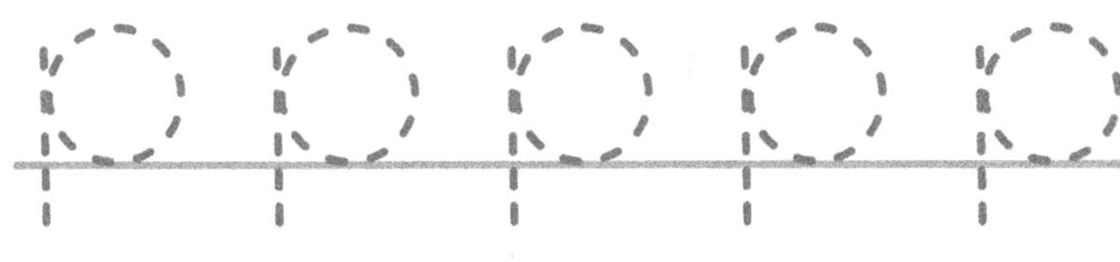

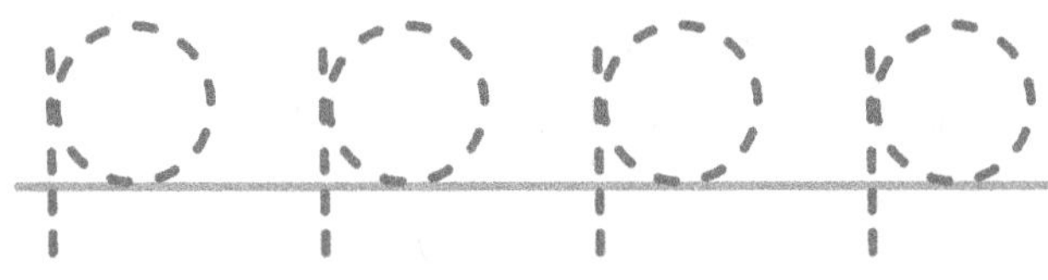

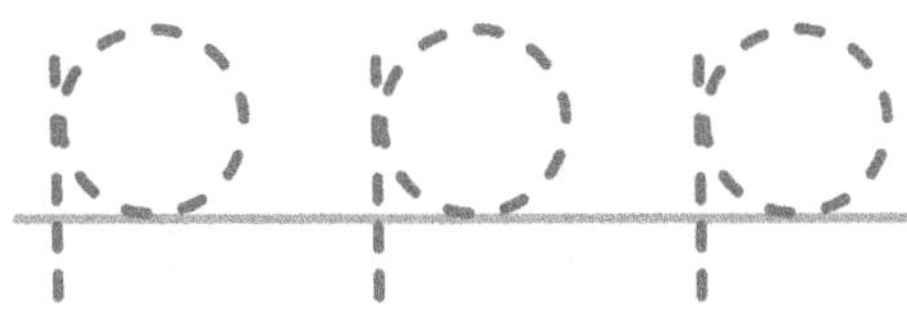

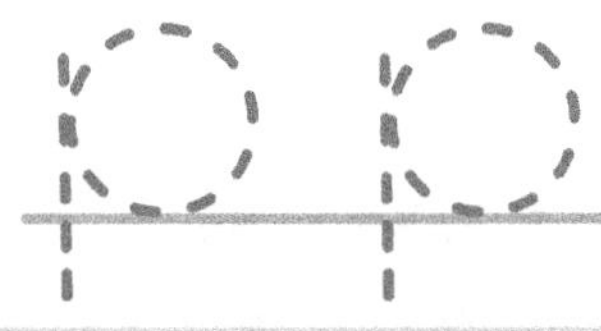

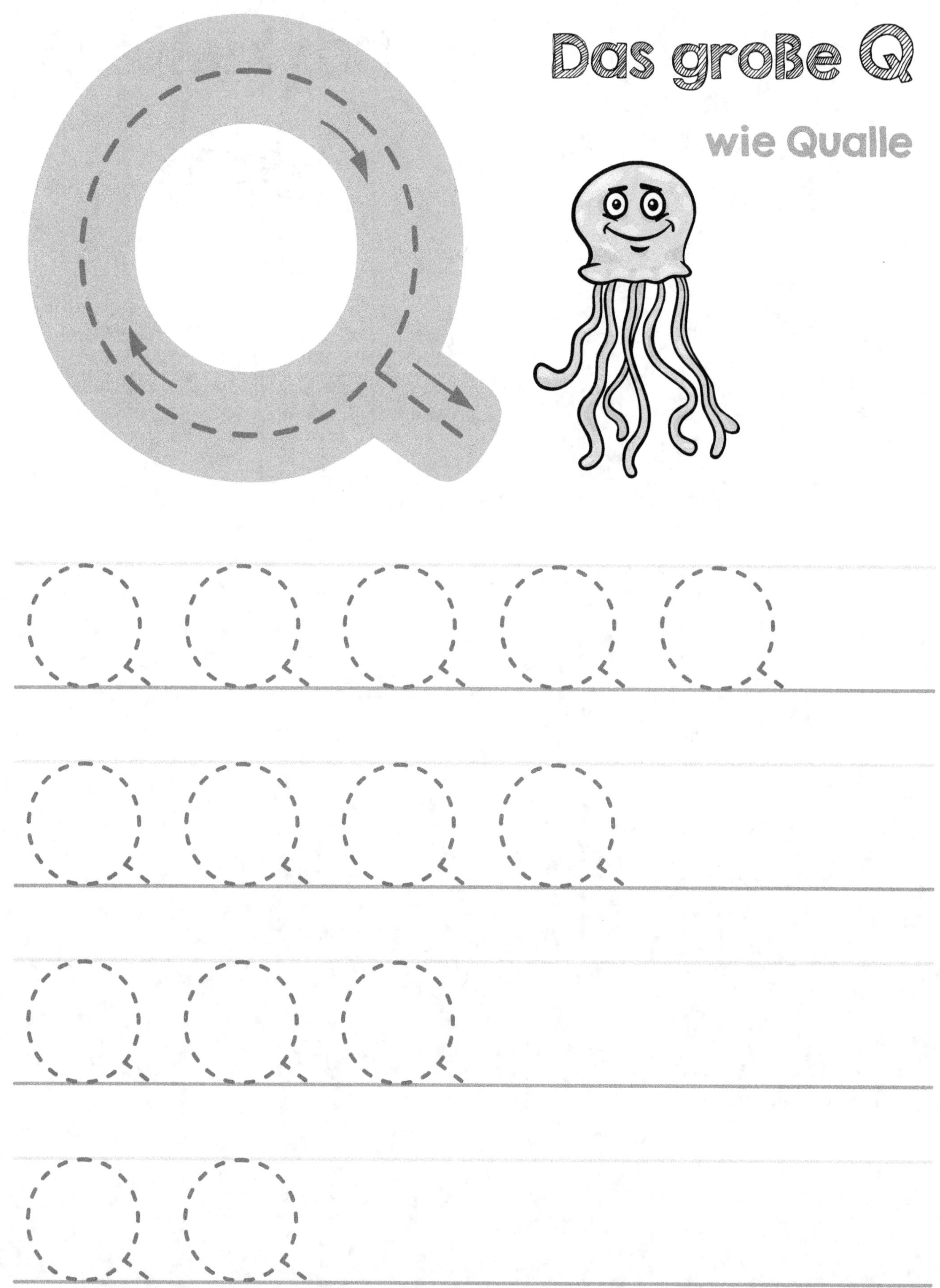

Das große Q
wie Qualle

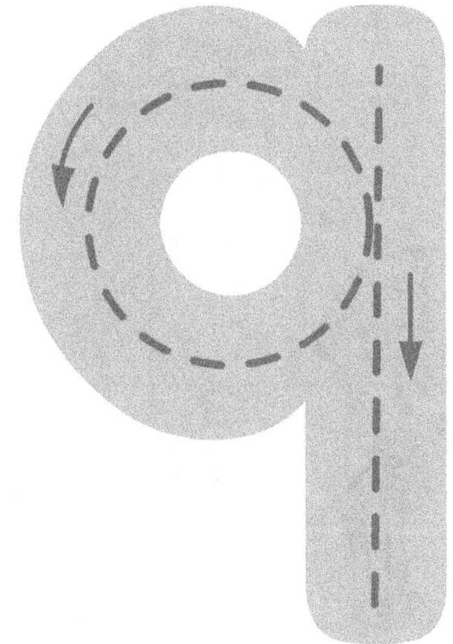

q q q q q

q q q q

q q q

q q

Das große R
wie Reh

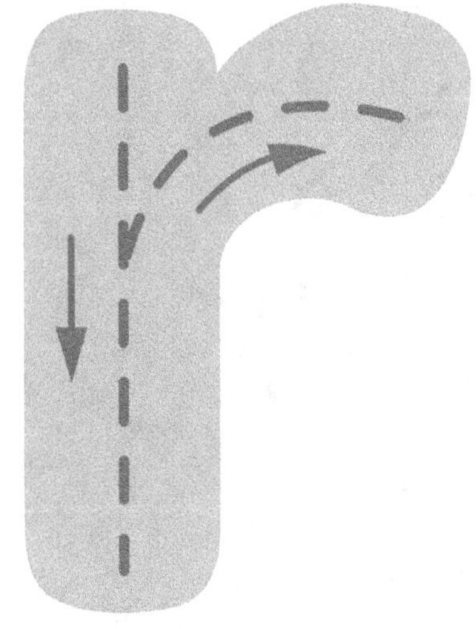

r r r r r

r r r r

r r r

r r

wie Schwein

Das kleine s

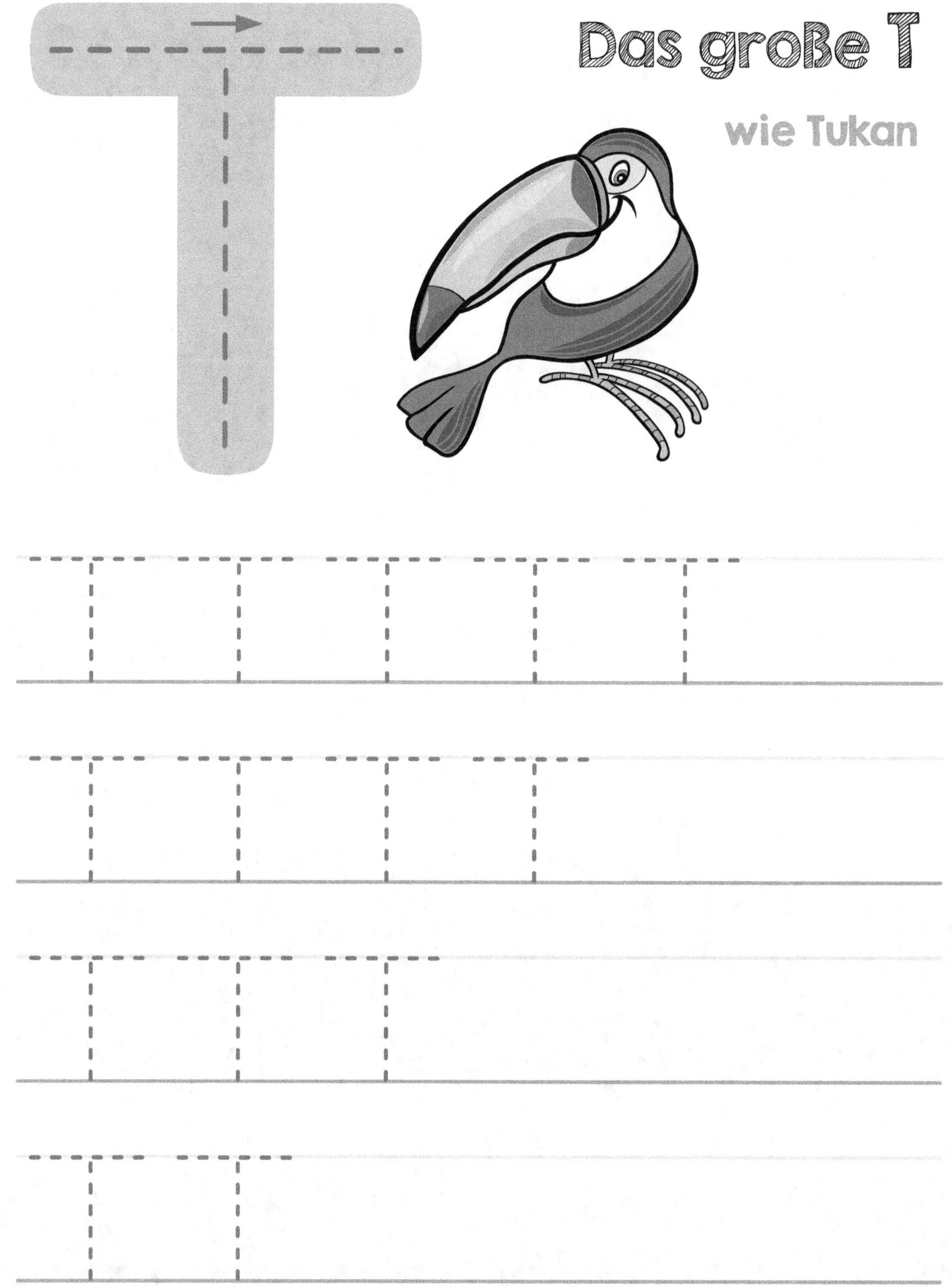

Das große T
wie Tukan

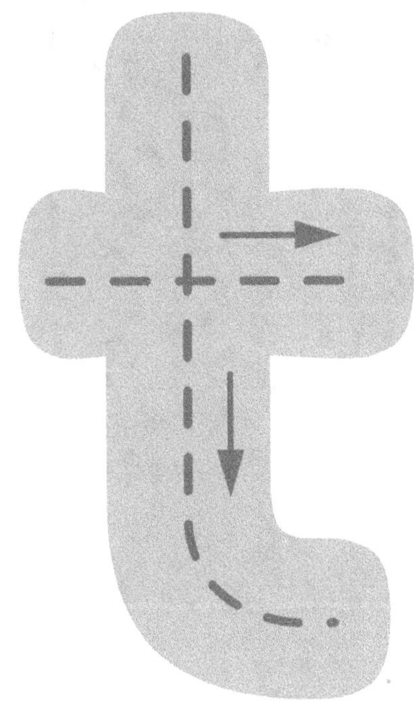

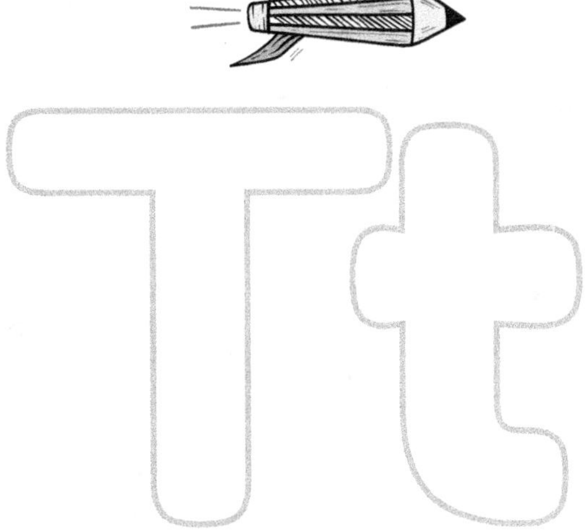

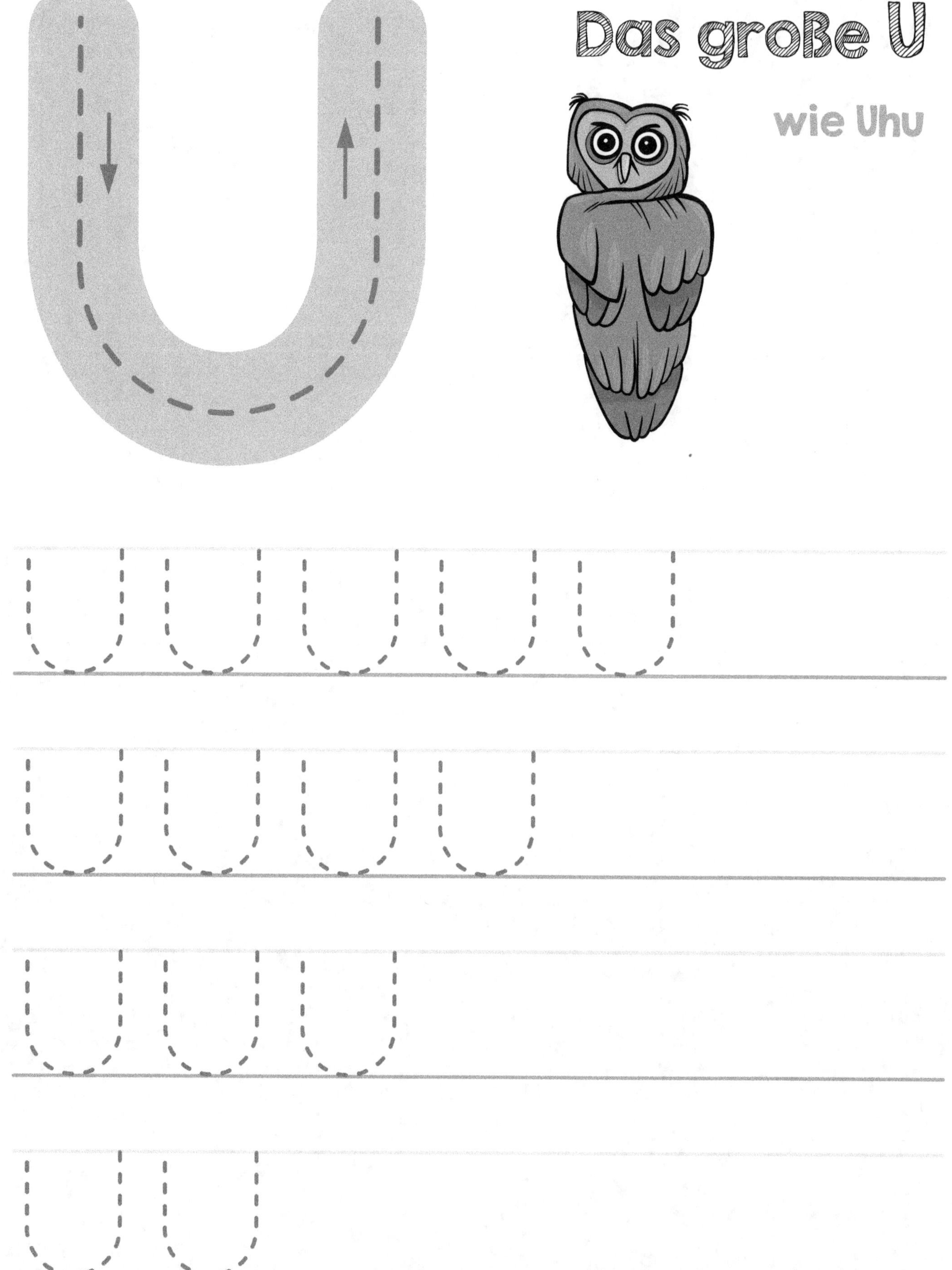
Das große U
wie Uhu

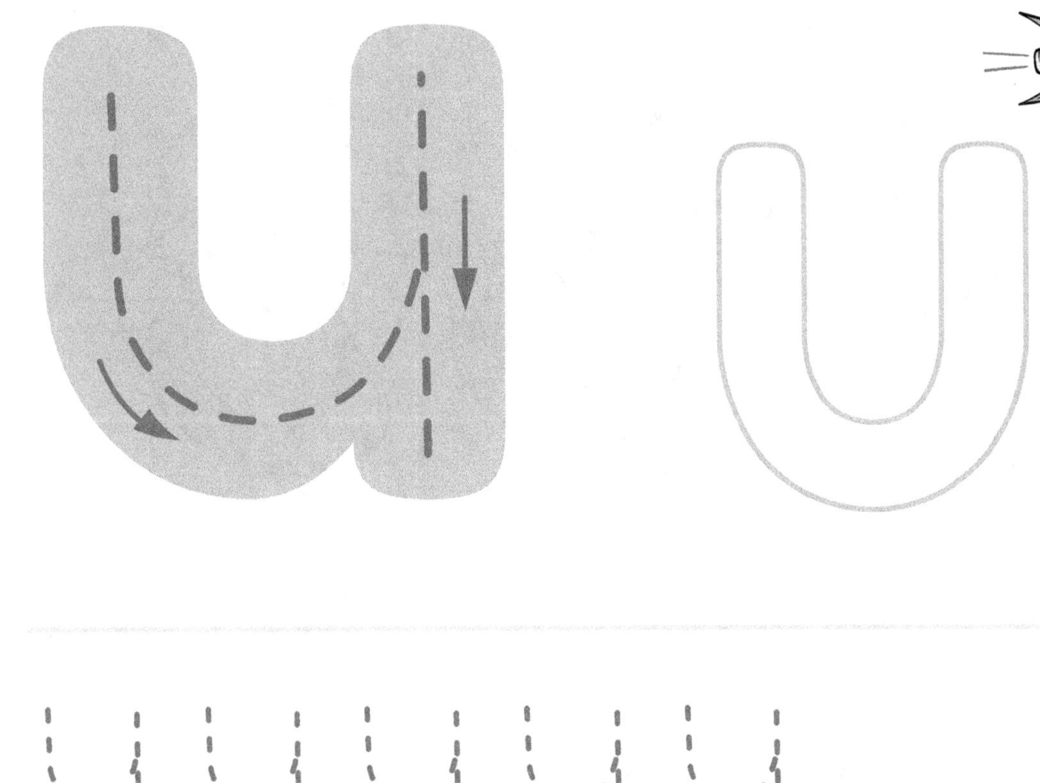

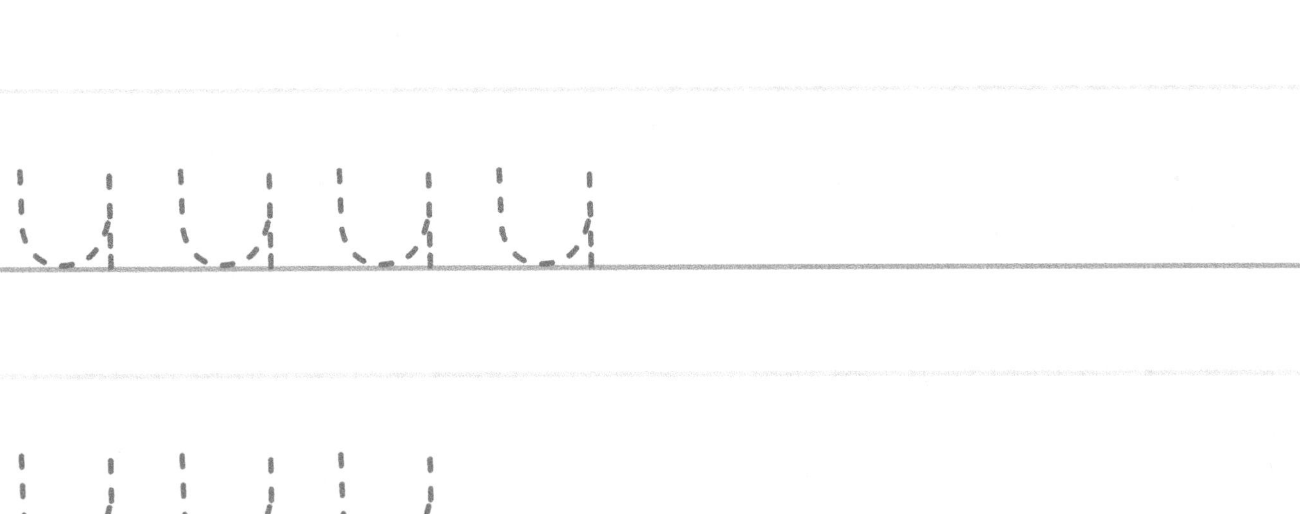

Das große V

wie Viper

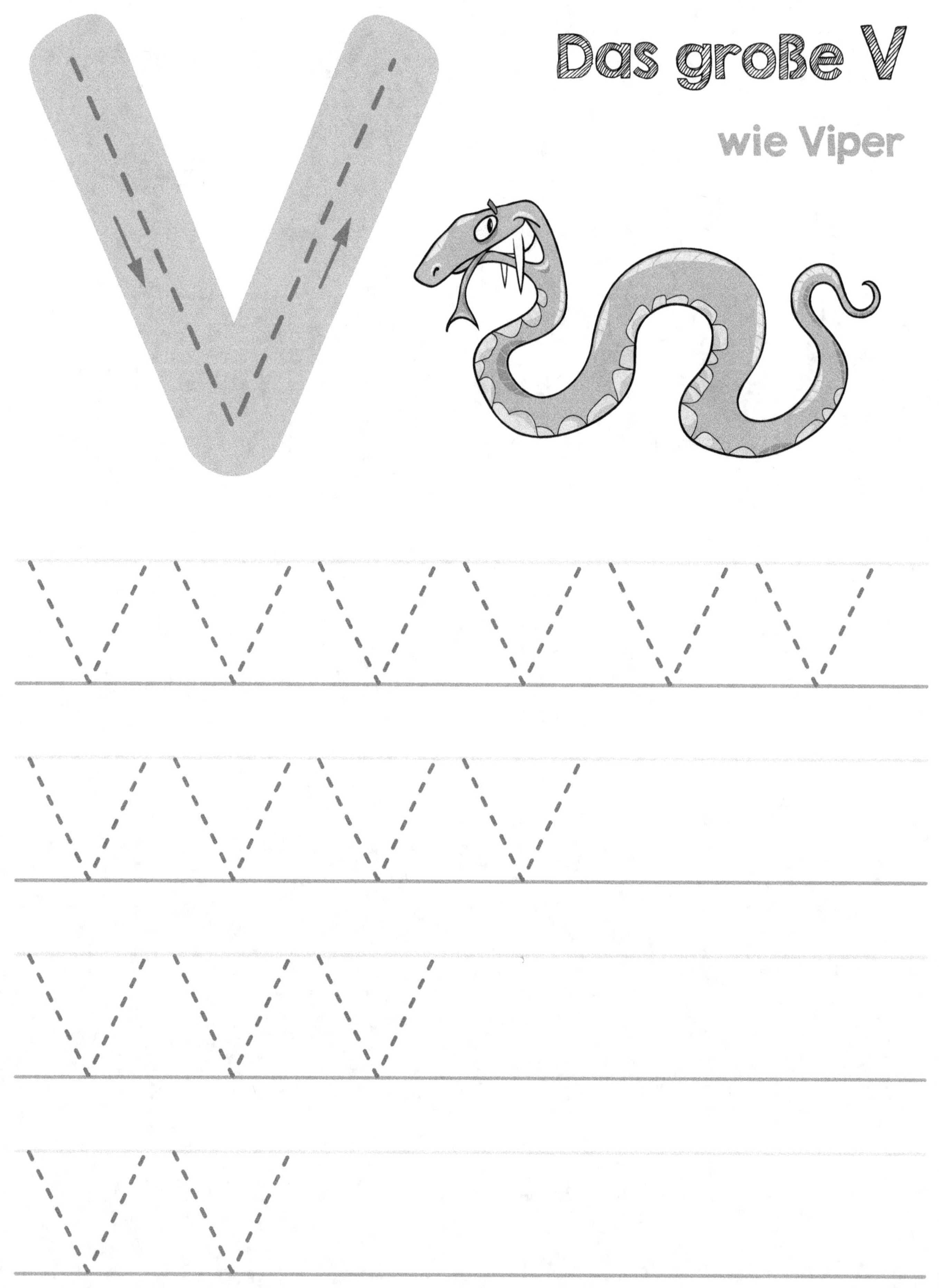

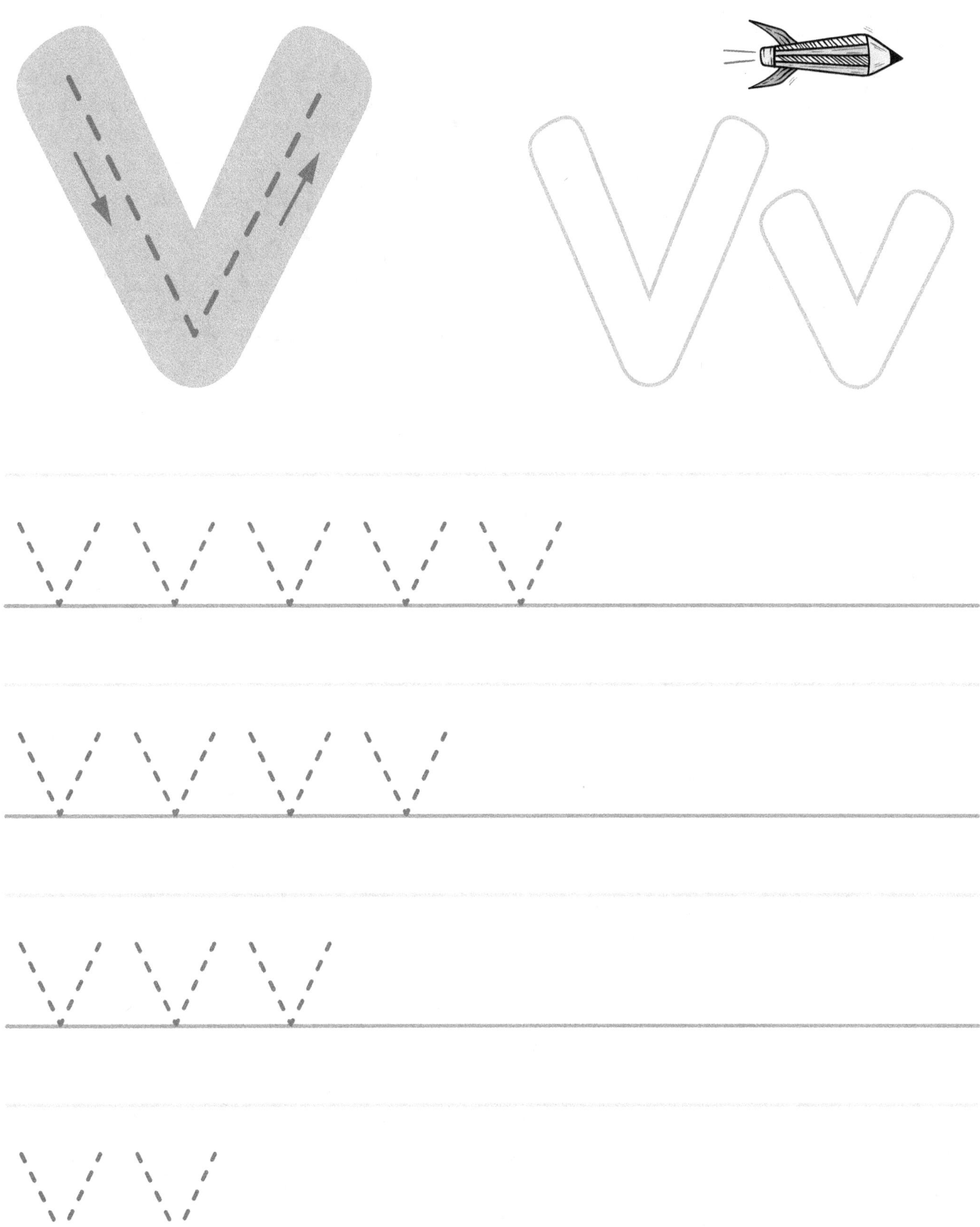

Das große W
wie Walross

Das kleine w
Ww

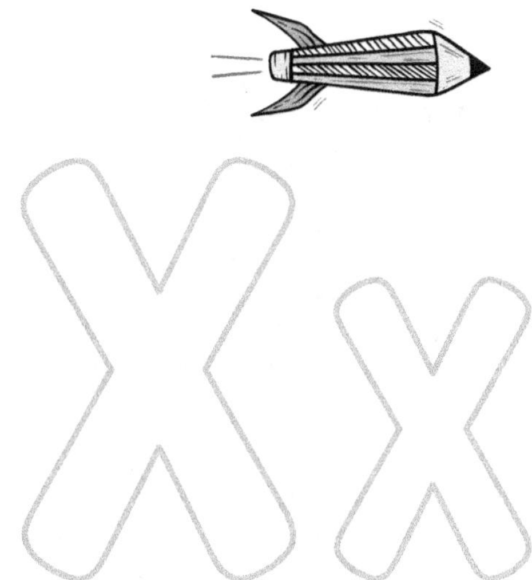

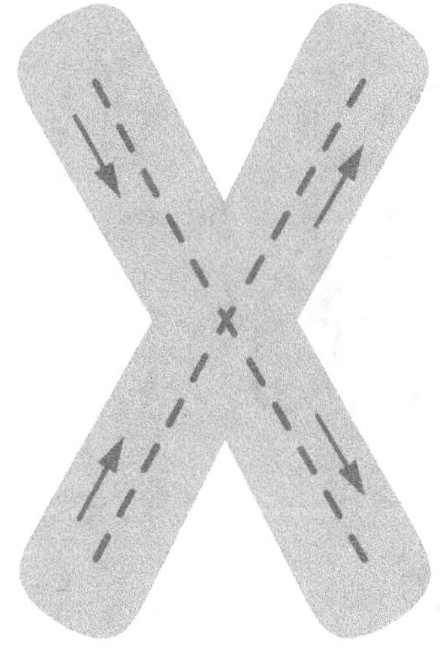

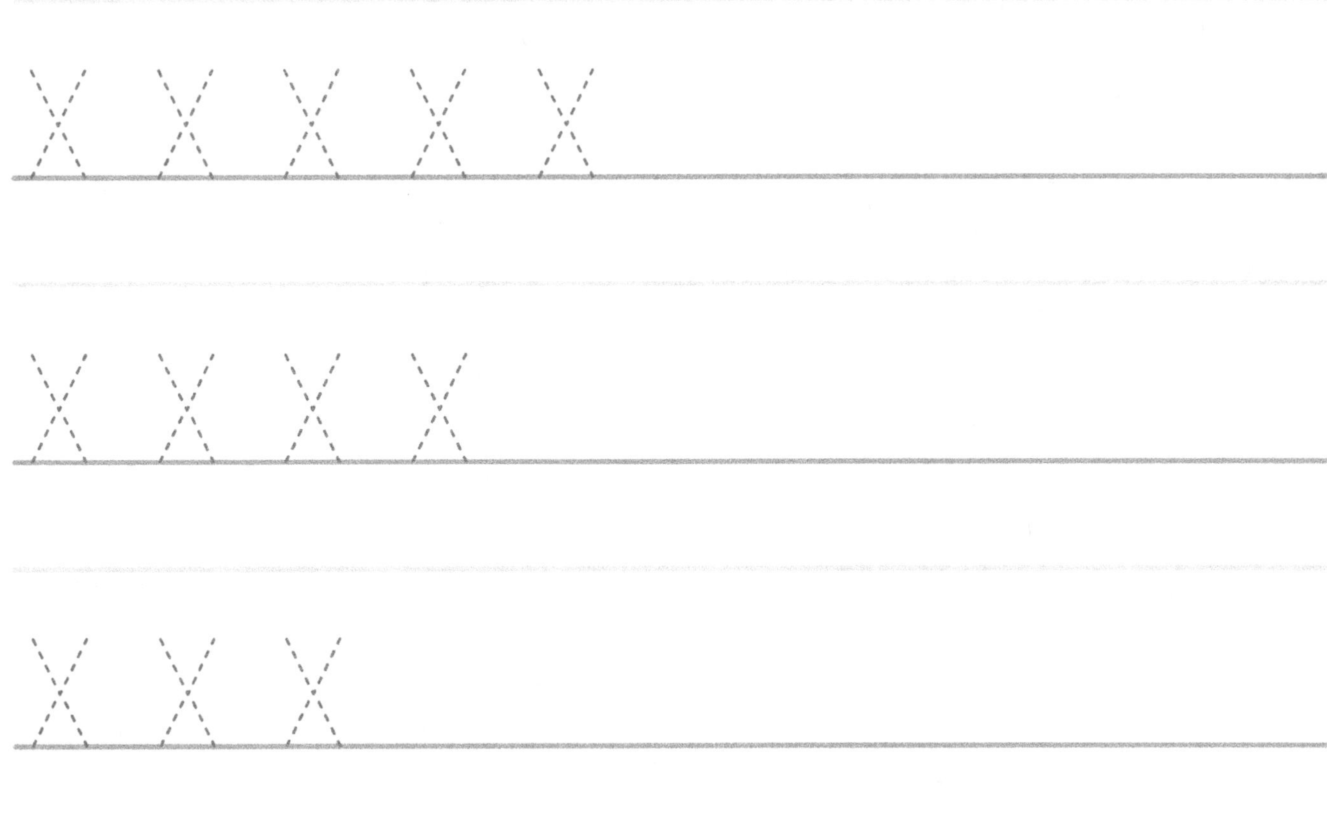

wie Yak

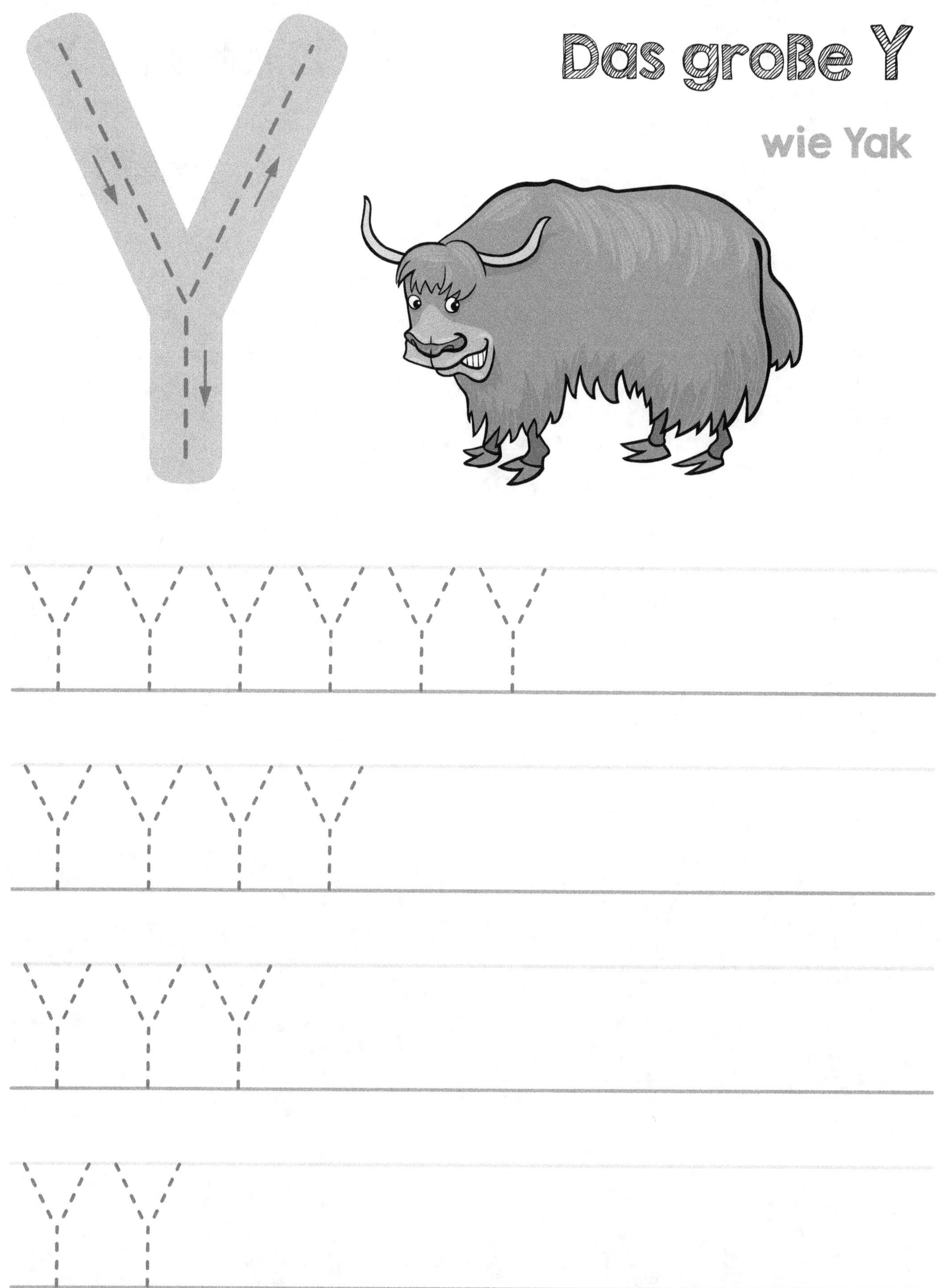

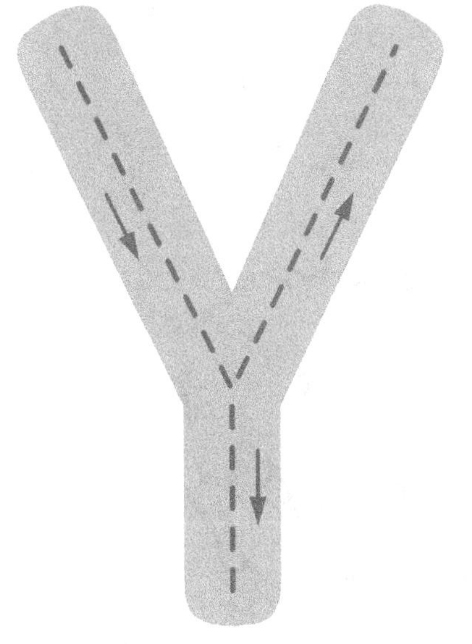

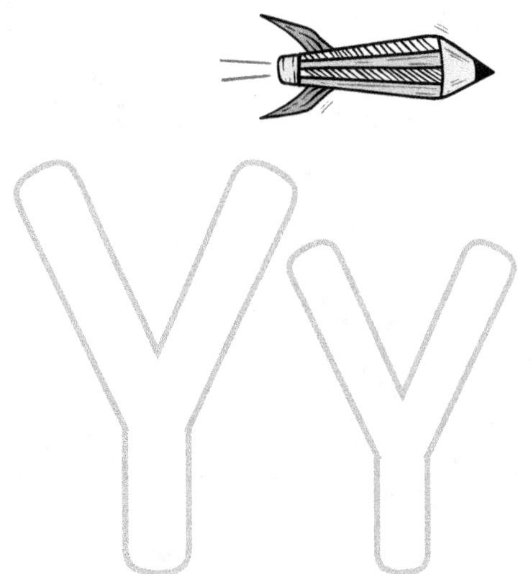

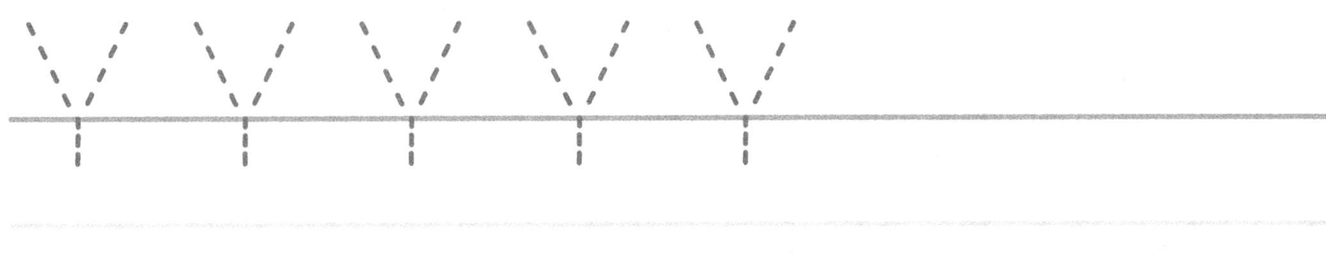

Das große Z

wie Ziege

Das kleine z

2

3

3
3
3

4

4 4 4 4 4 4 4 4 4

4 4 4 4 4 4 4 4 4

4

5

5 5 5 5 5 5 5 5 5

5 5 5 5 5 5 5 5 5

5

6

7

8

9

9 9 9 9 9 9 9 9 9

9 0 0 0 0 0 0 0 0

9

Finde die Nummer

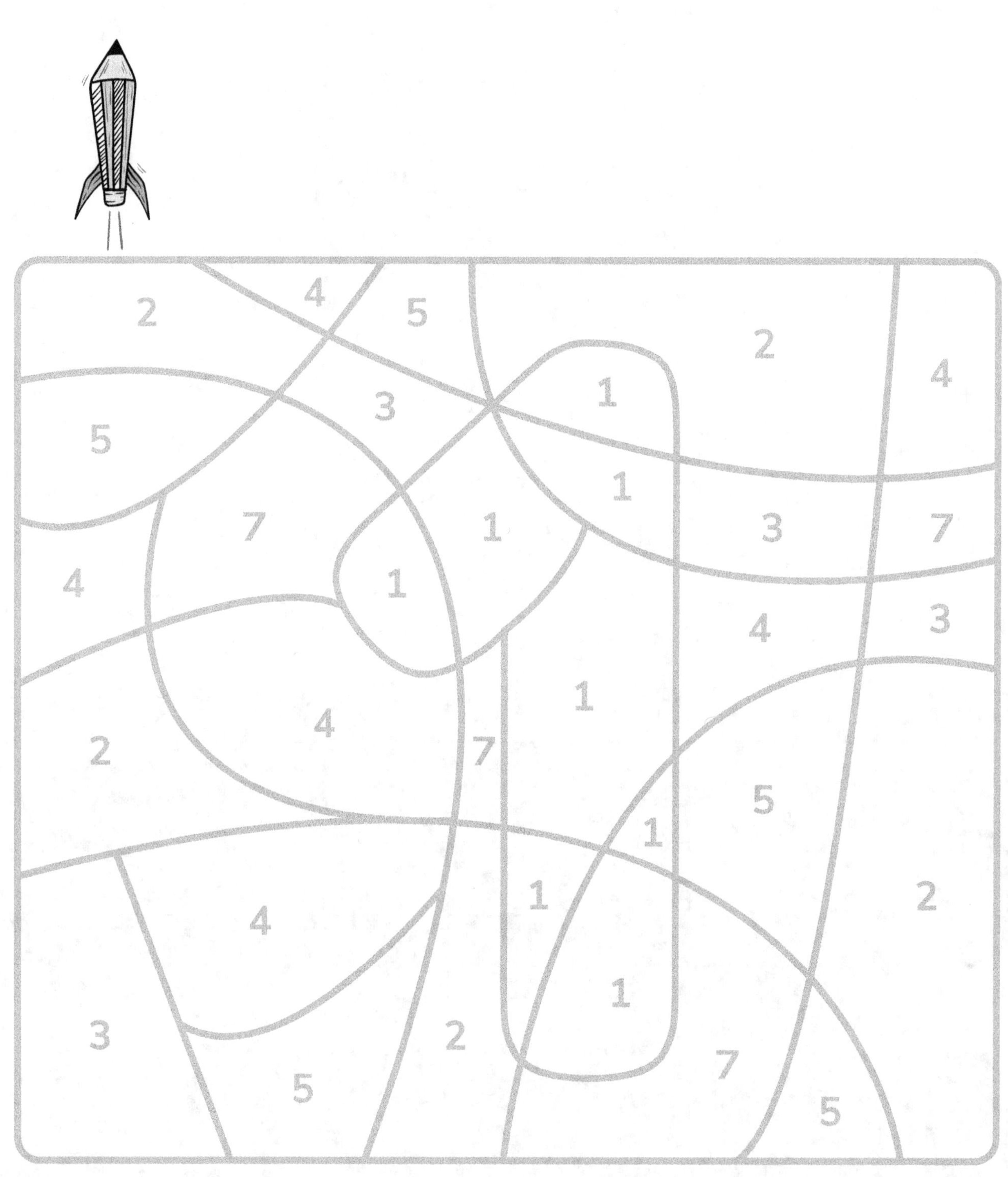

Finde die Nummer

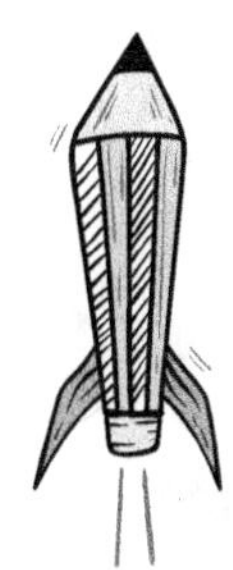

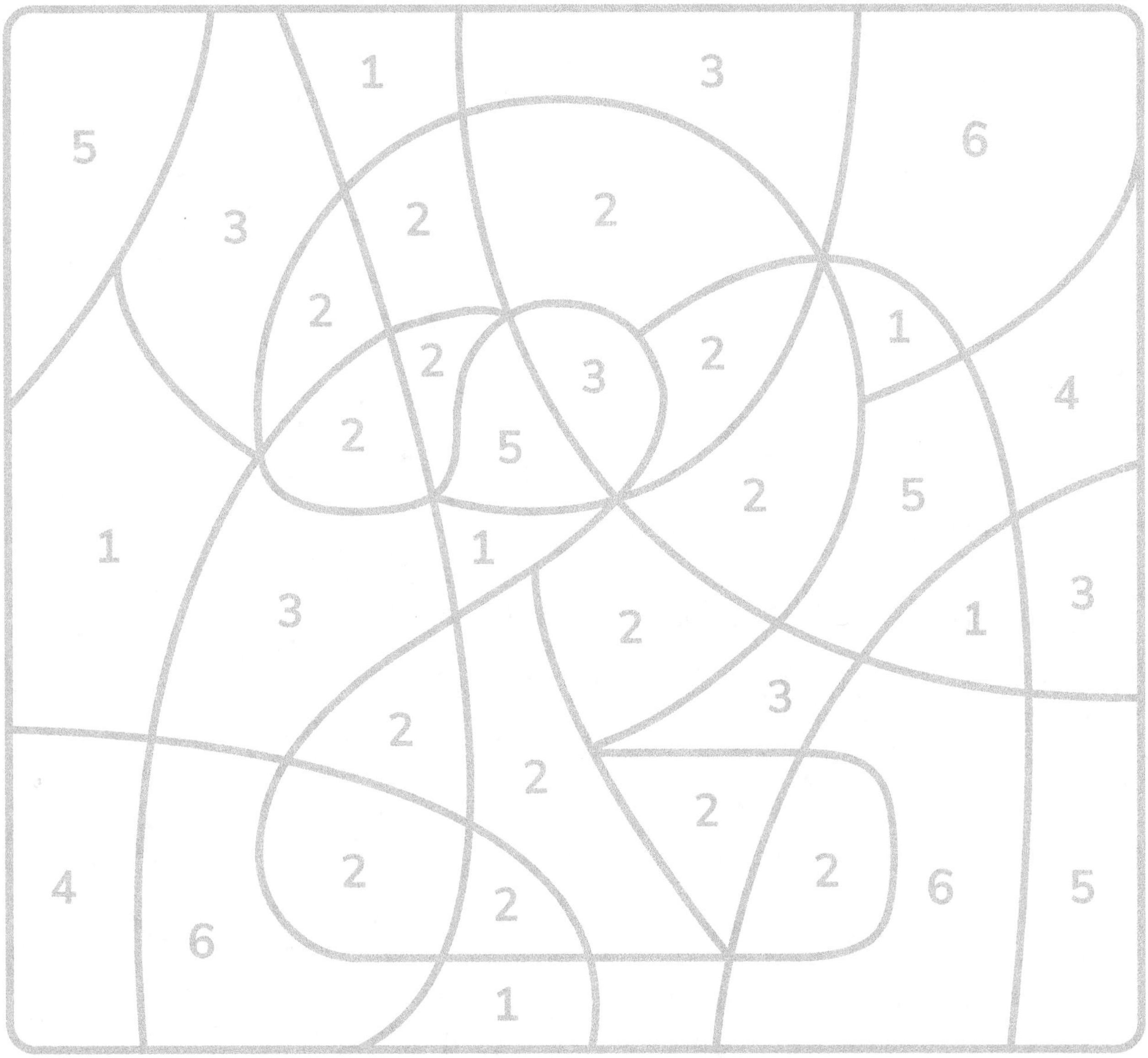

Finde die Nummer

Male alle Felder aus,
in denen du eine 3 entdeckst.

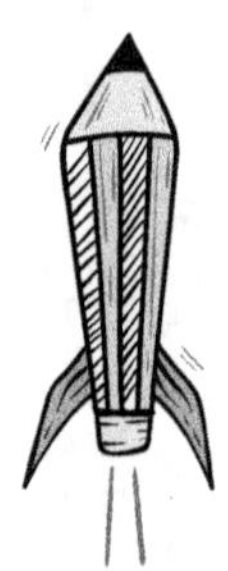

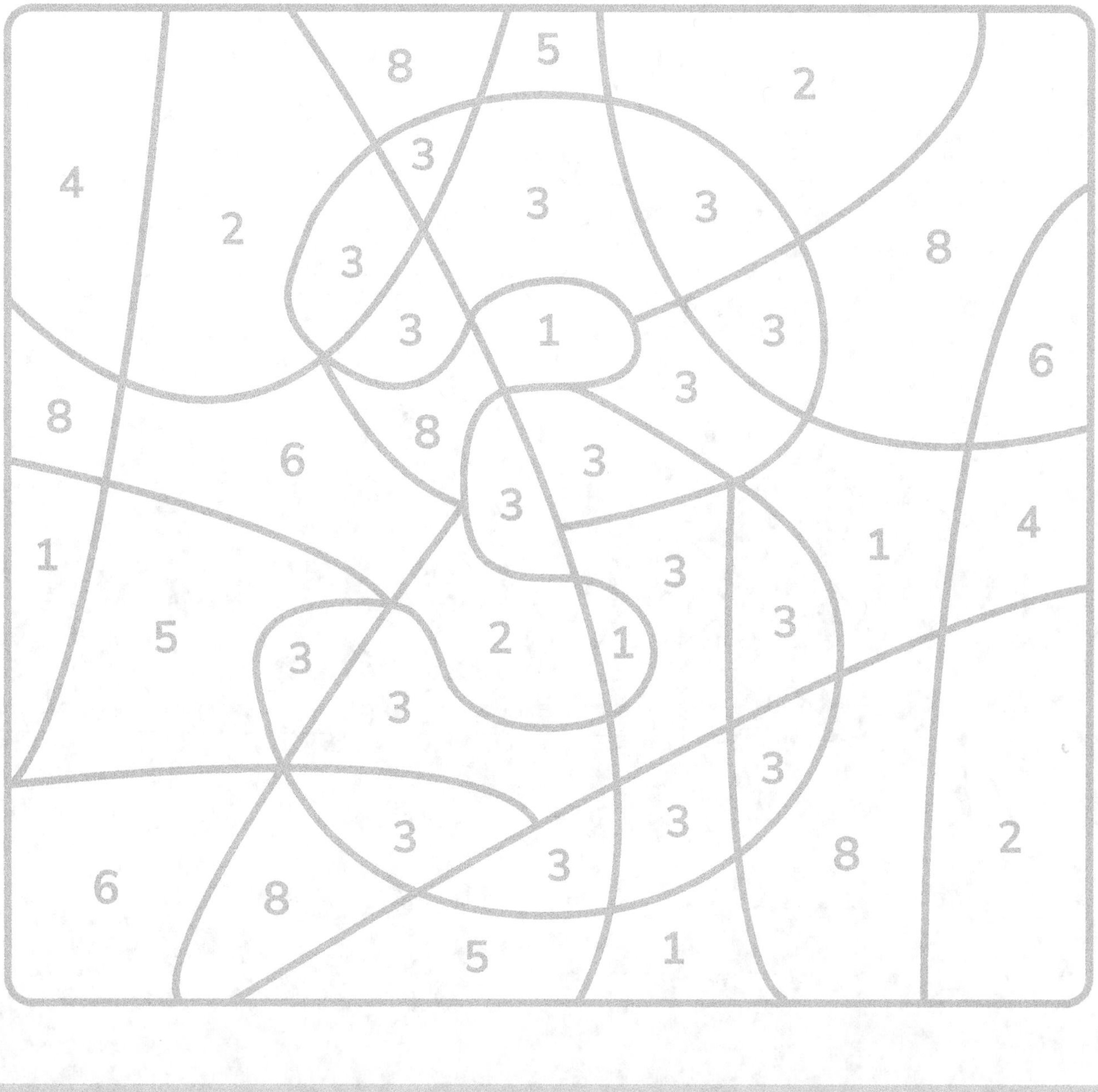

Finde die Nummer

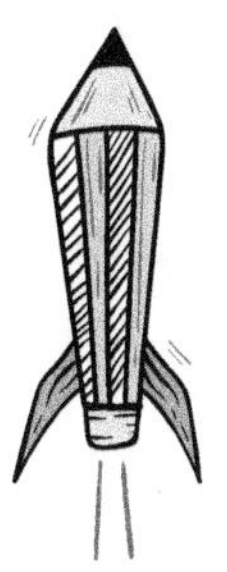

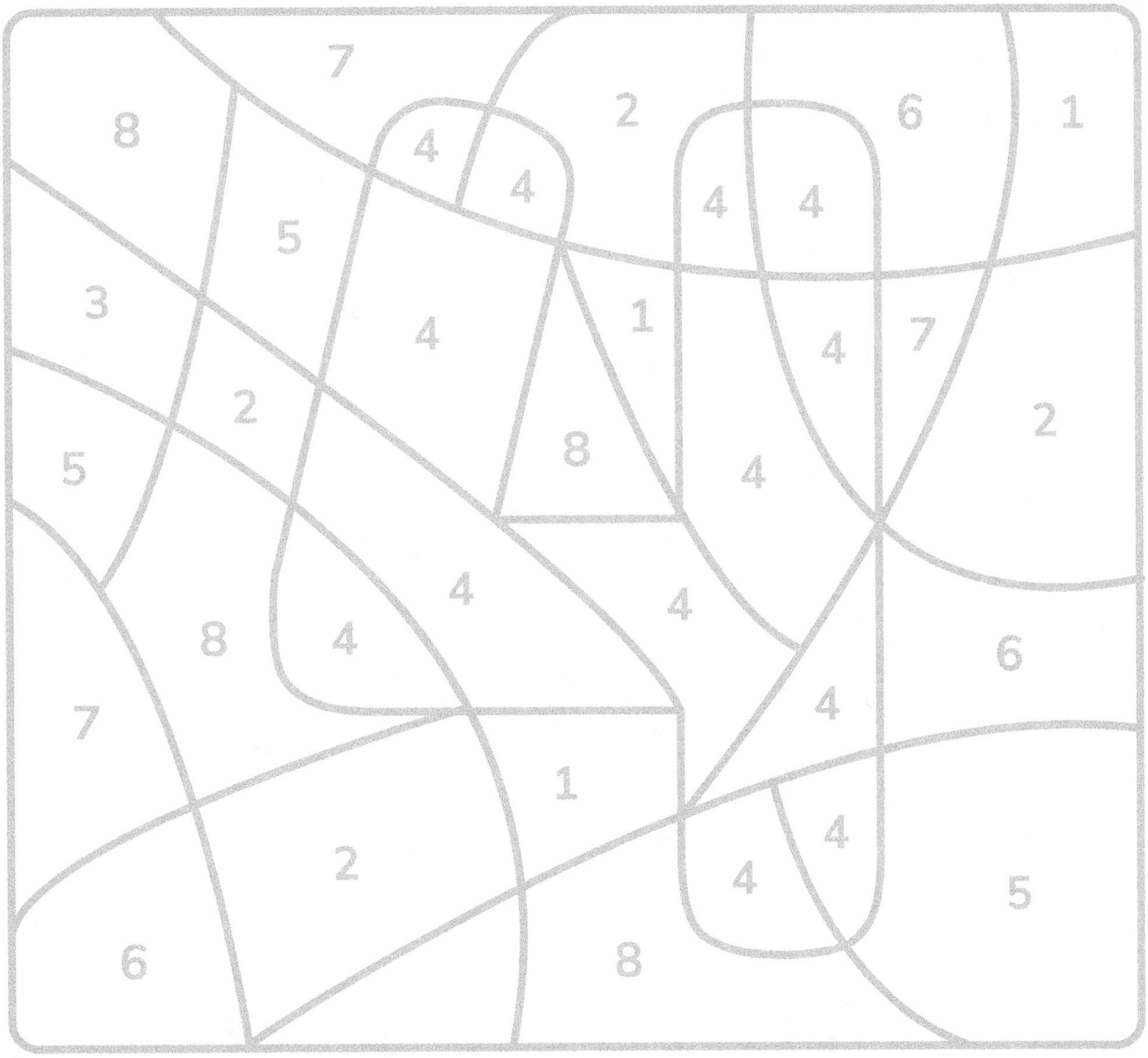

Finde die Nummer

Male alle Felder aus, in denen du eine 5 entdeckst.

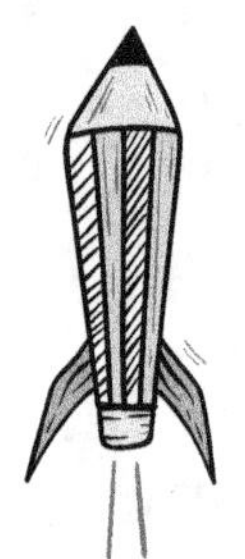

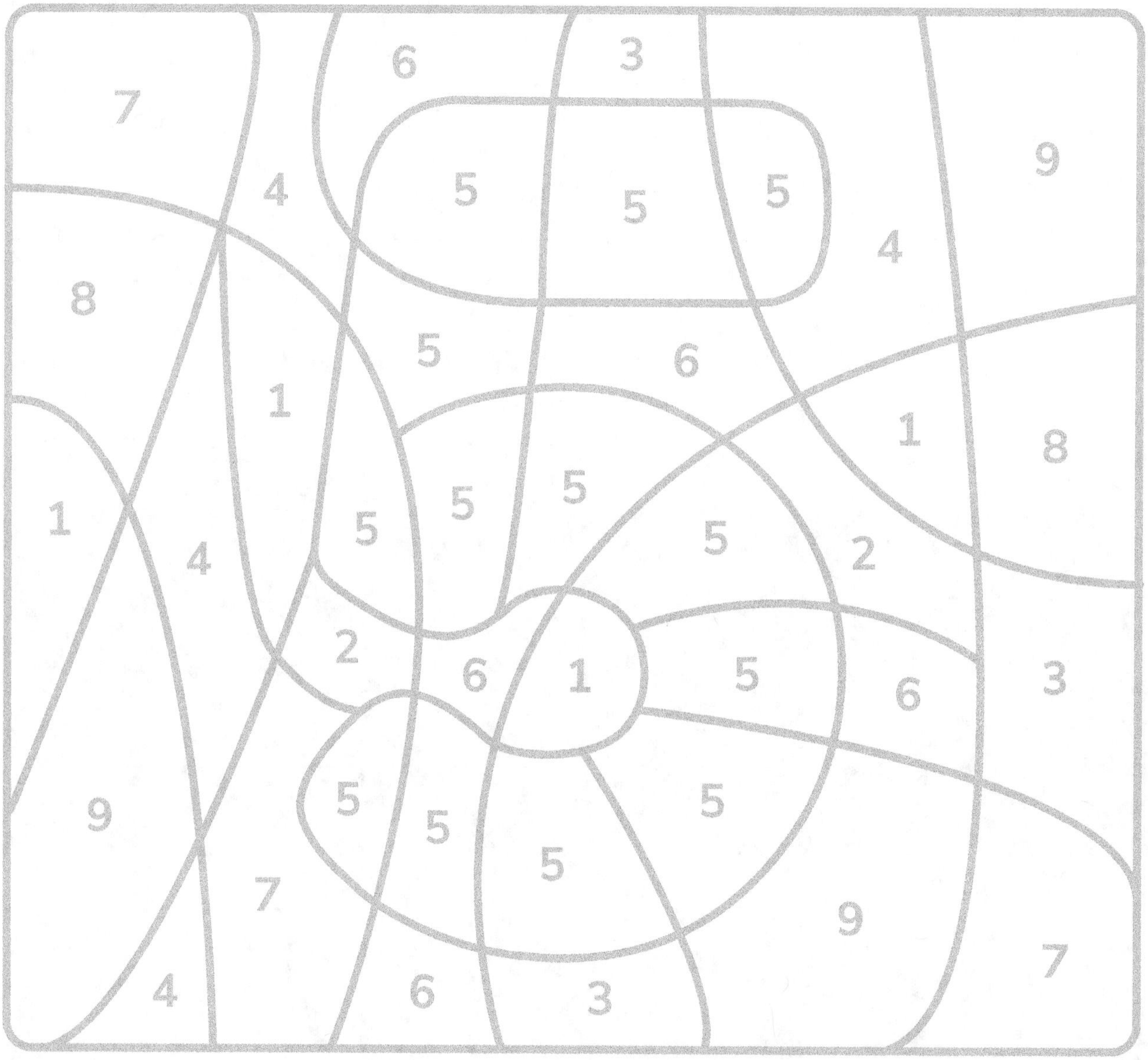

Finde die Nummer

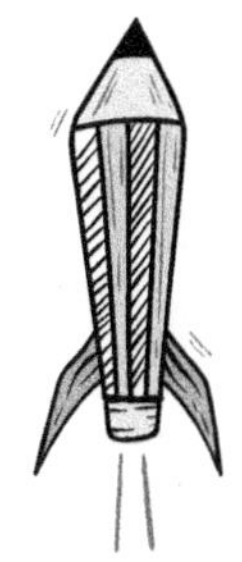

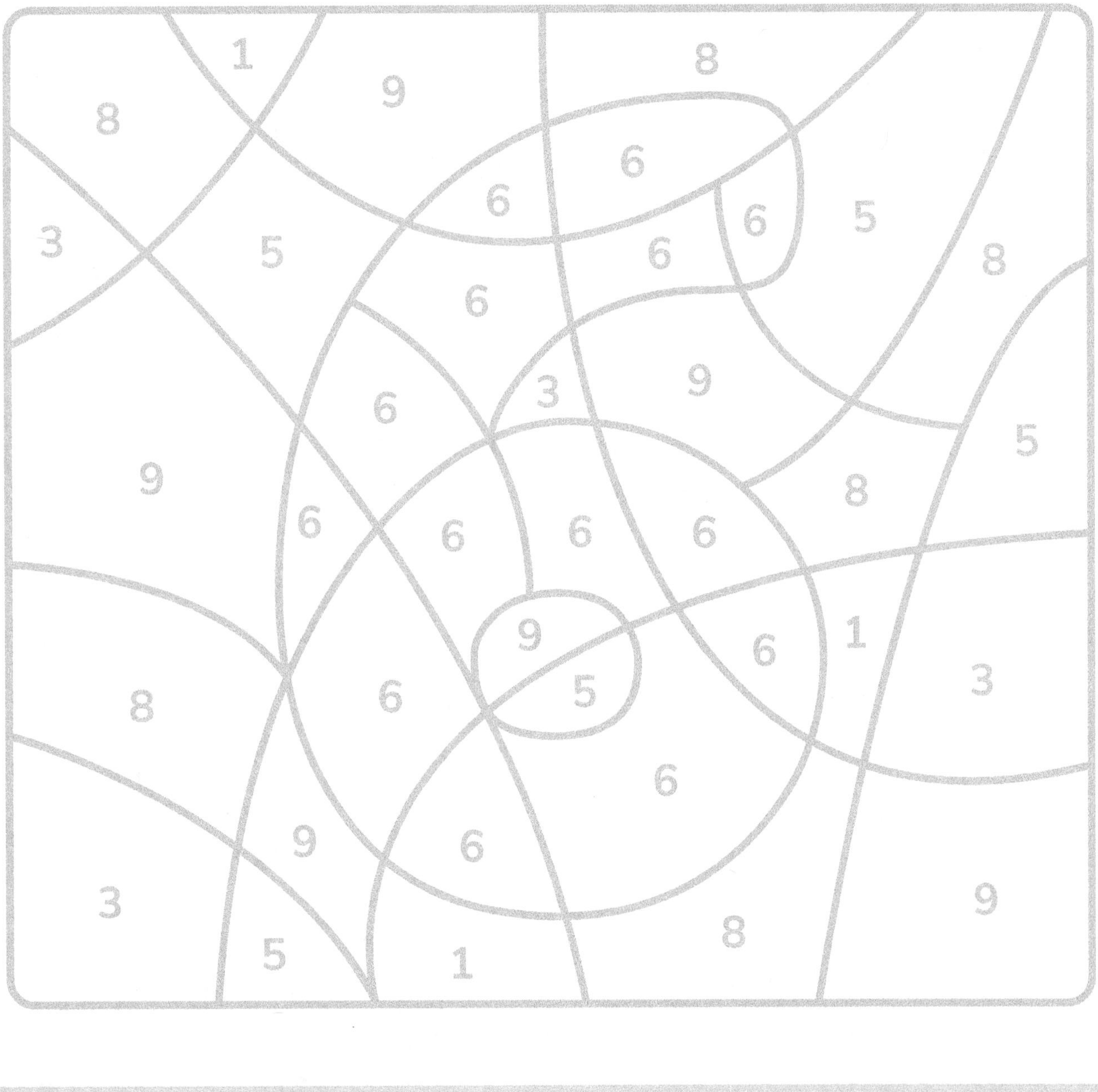

Finde die Nummer

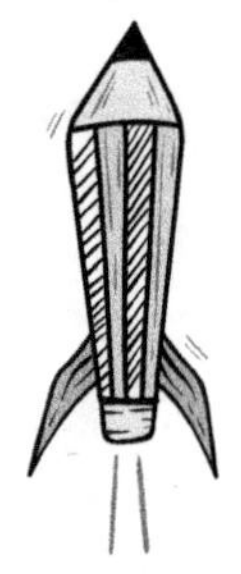

**Male alle Felder aus,
in denen du eine 7 entdeckst.**

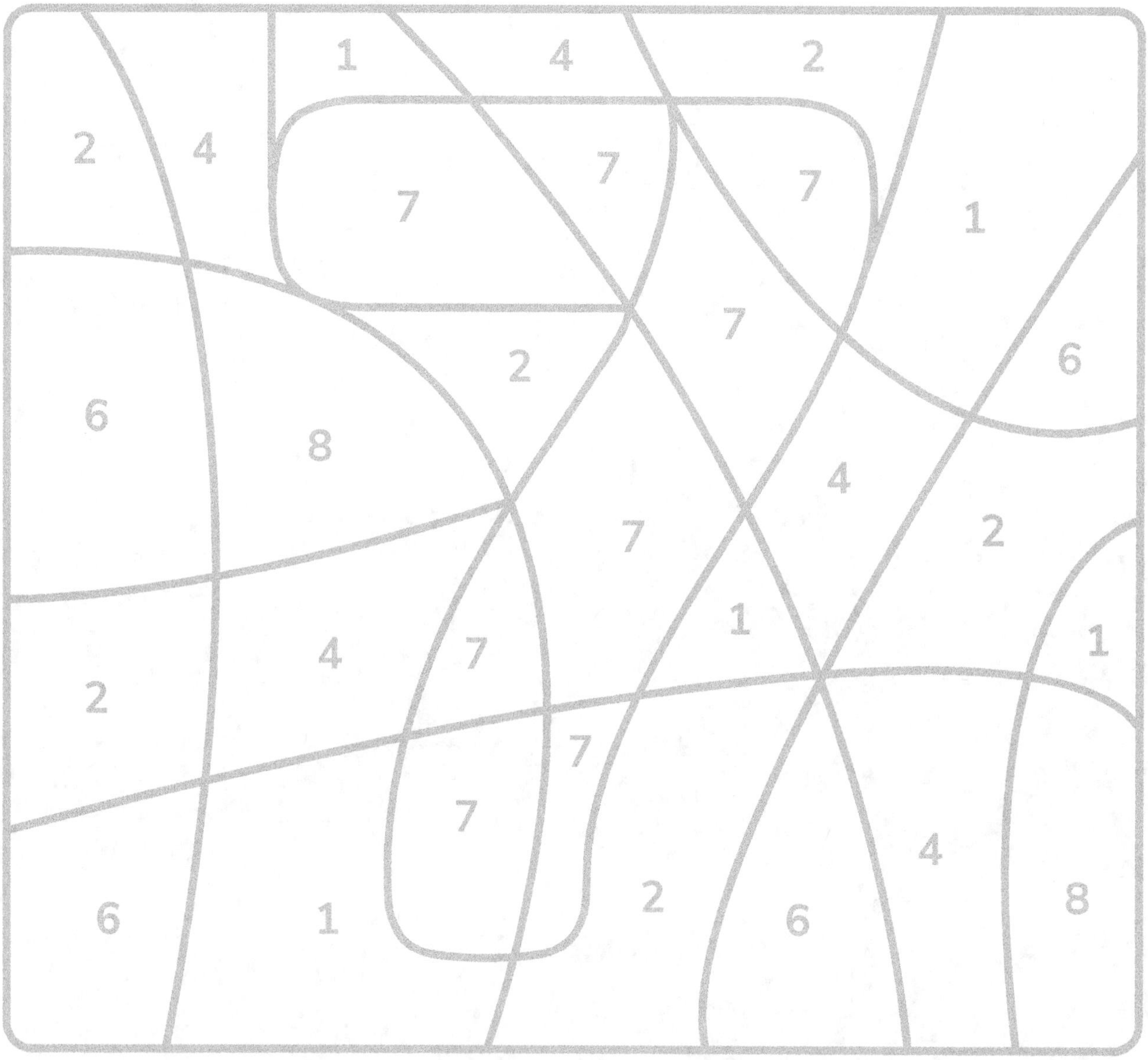

2   4   1   4   2
7   7   7   1
6   8   2   7   6
7   4
4   7   1   2   1
2   7
7   7
6   1   7   2   6   4   8

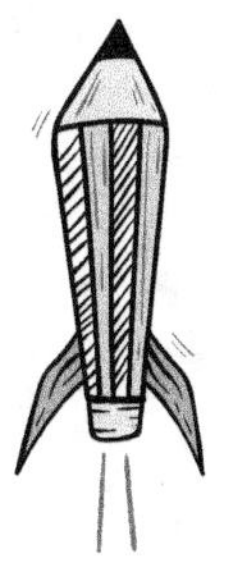

Finde die Nummer

Male alle Felder aus, in denen du eine 8 entdeckst.

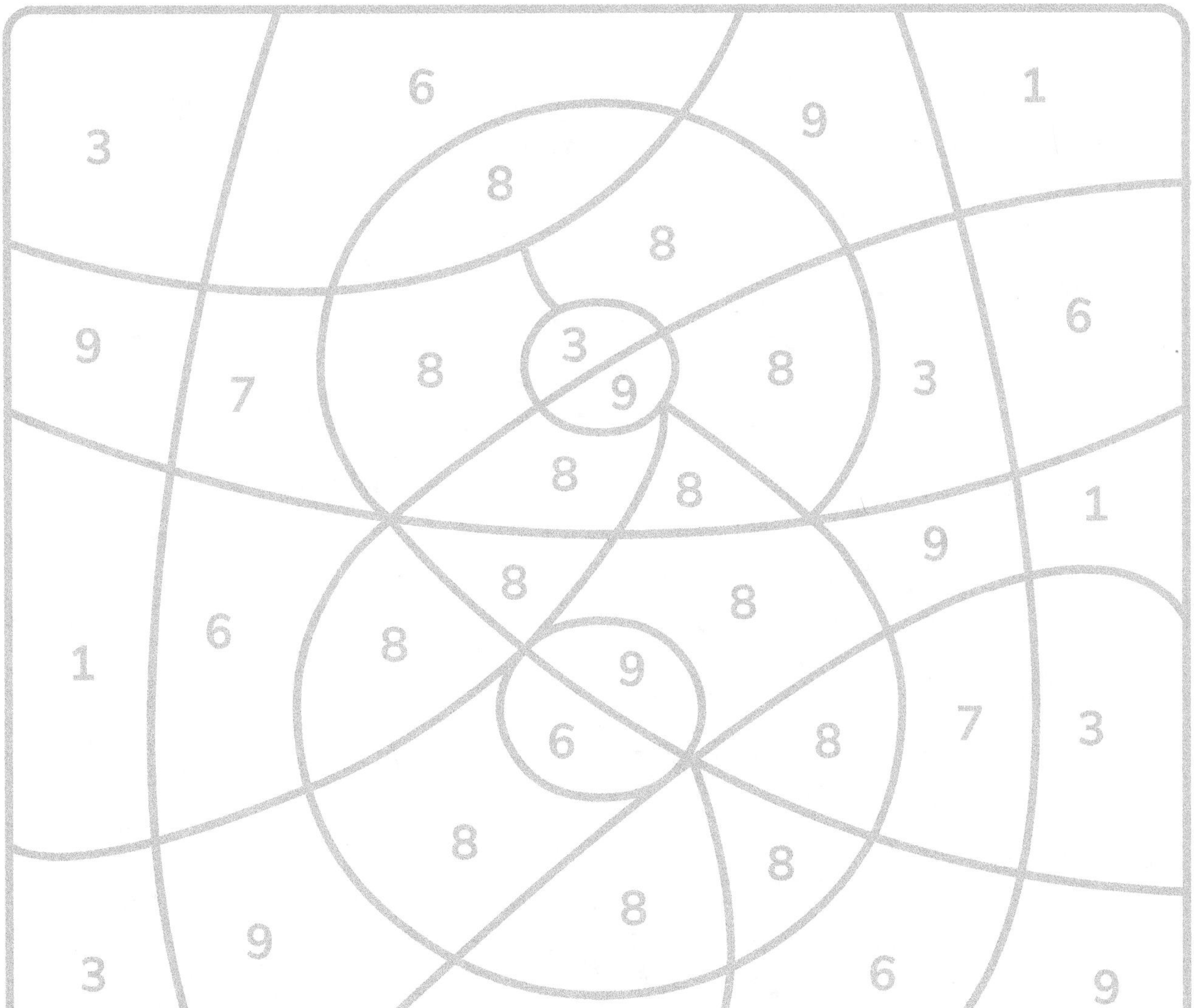

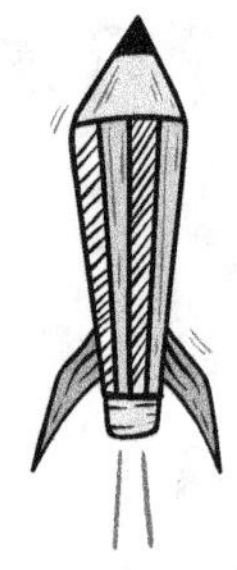

Finde die Nummer

Male alle Felder aus, in denen du eine 9 entdeckst.

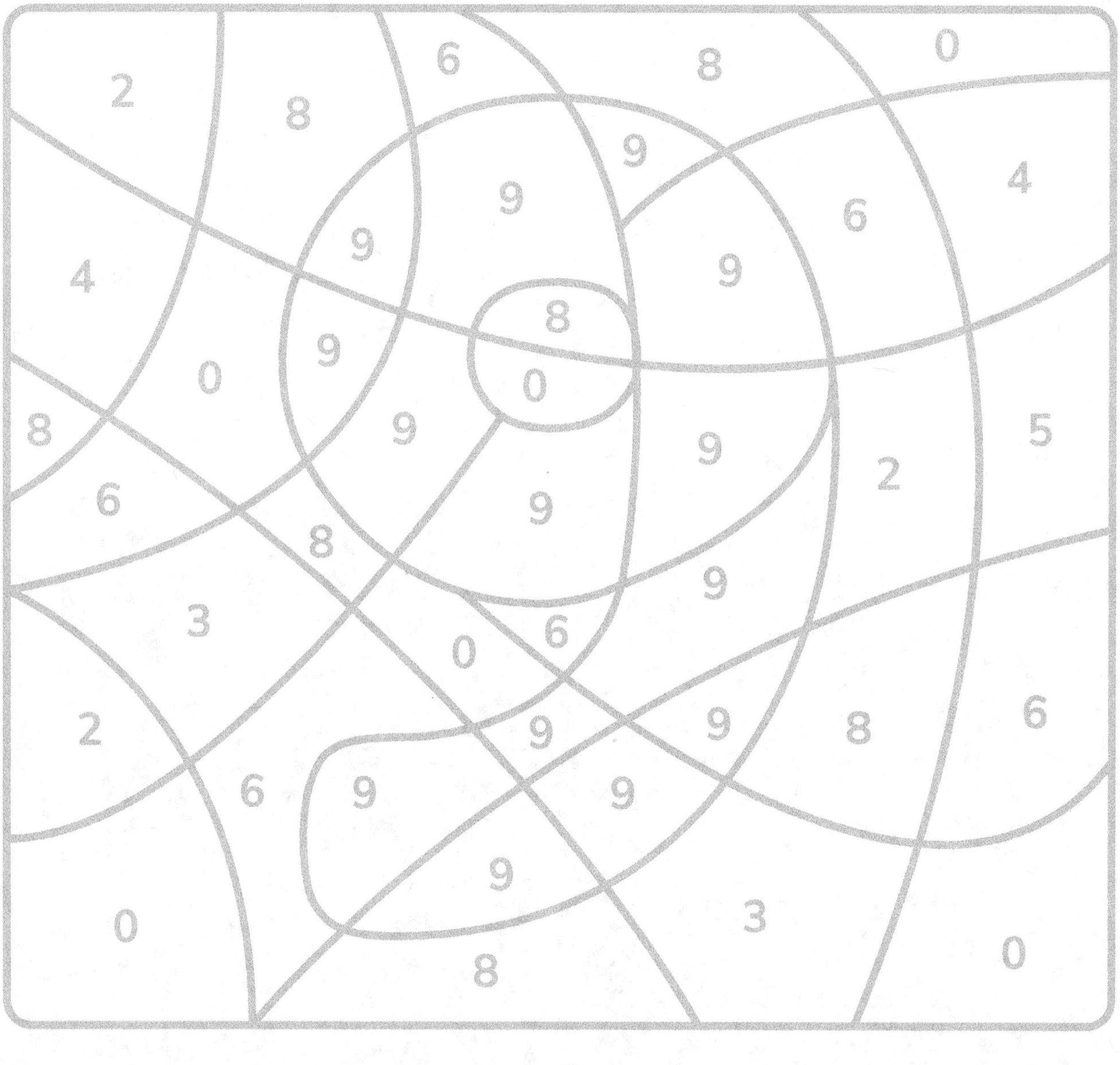

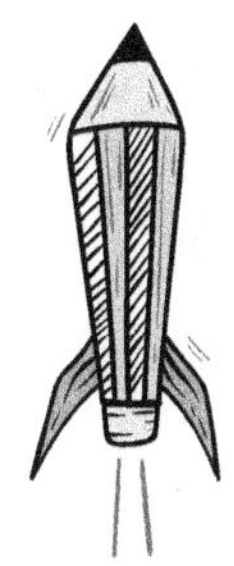

Finde die Nummer

Male alle Felder aus, in denen du eine 0 entdeckst.

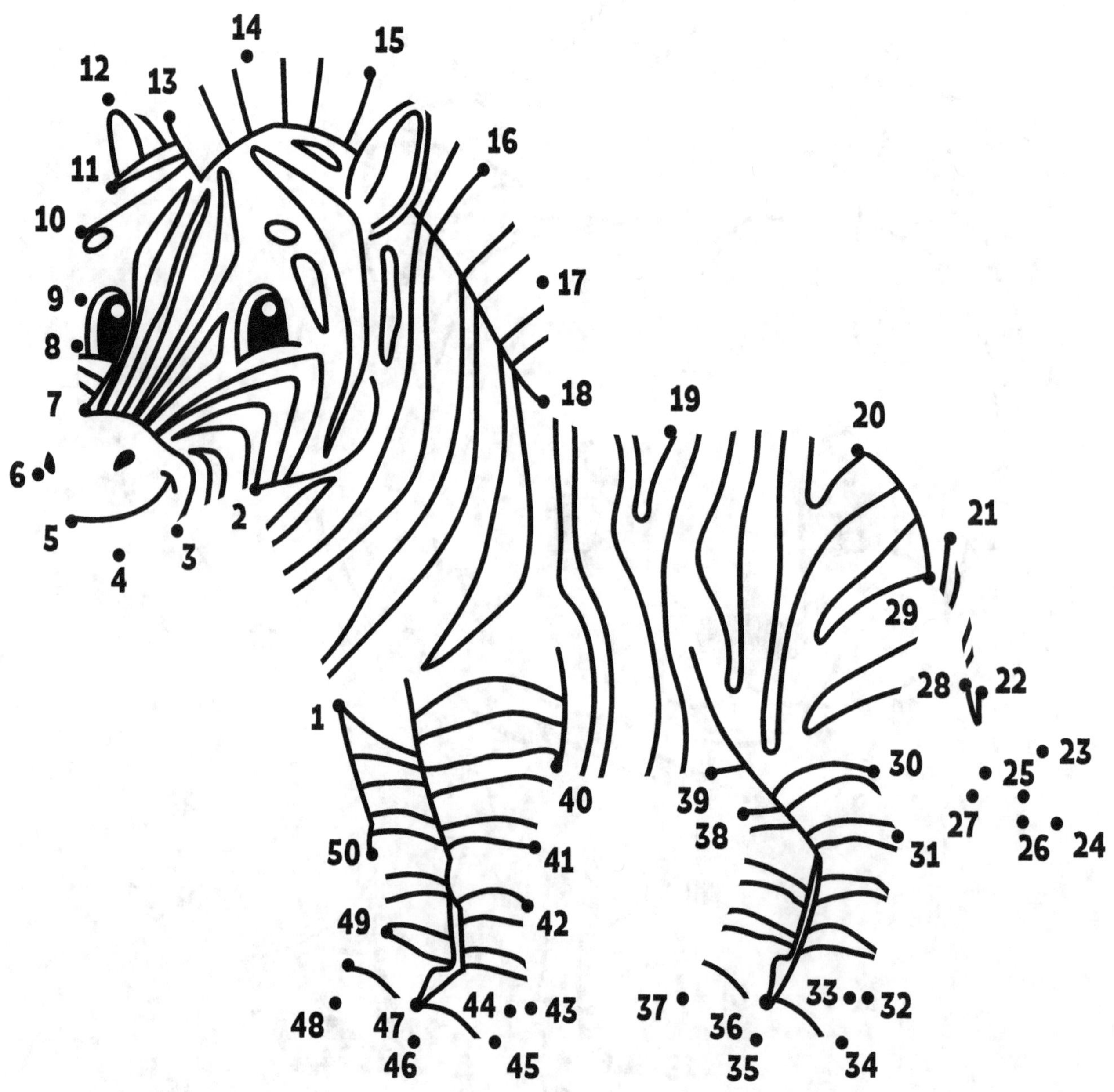

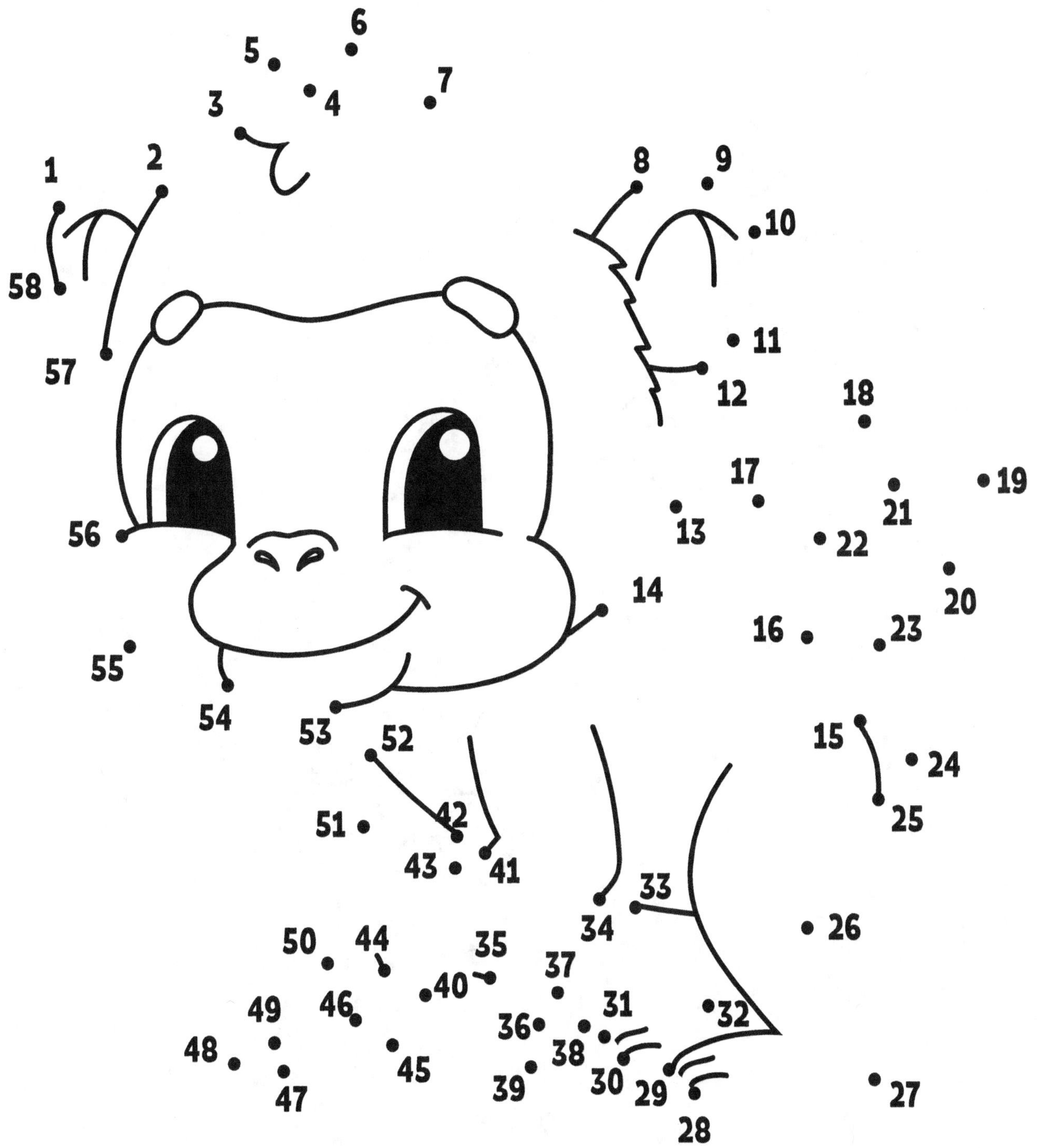

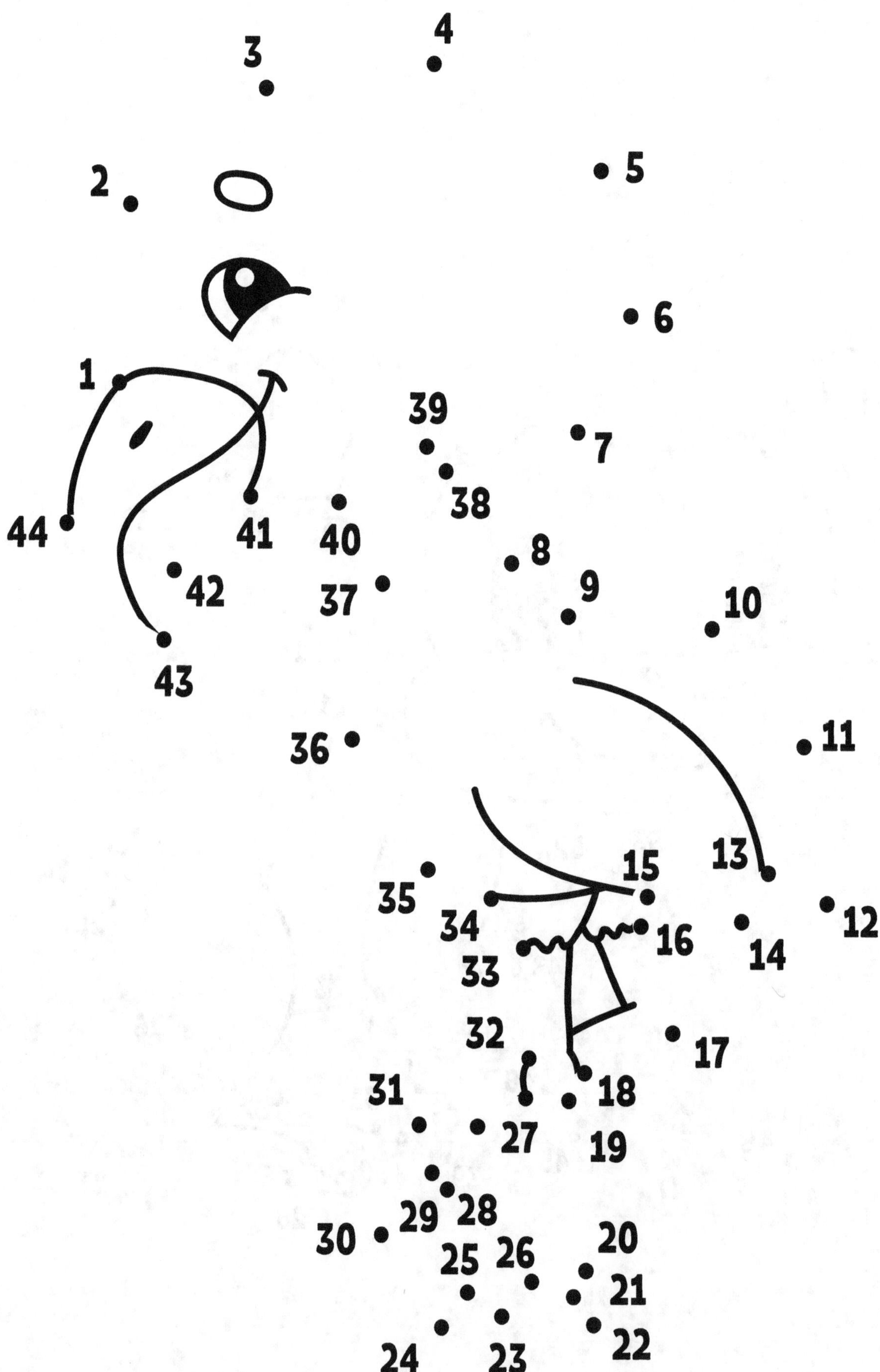

A	M	G	N	Q	S	R	V	E	V	X	W	J	T
Y	G	E	S	U	N	D	V	H	P	H	H	K	W
P	A	R	W	H	D	D	W	H	V	O	R	R	N
I	V	O	G	E	L	O	U	E	G	H	B	B	B
V	U	F	B	N	X	M	U	M	M	V	N	B	S
M	B	L	Ü	T	E	N	G	E	Z	A	L	L	E
G	J	Q	M	L	X	H	J	I	H	N	C	L	A
W	V	L	N	X	L	G	K	N	L	Y	C	L	L
I	Y	S	D	K	Z	A	C	E	A	J	B	I	K
R	S	V	A	S	E	D	K	N	O	U	U	E	B
V	C	H	U	P	U	O	O	J	J	N	F	B	Q
N	B	J	U	E	V	A	P	E	A	G	N	E	F
E	H	P	K	L	E	I	N	L	T	E	B	N	T
U	X	E	O	I	C	K	B	J	G	T	W	E	R

Wortsuchrätsel 'I' (leicht)

1. ALLE
2. VOGEL
3. LIEBEN
4. GESUND
5. BLÜTE
6. NEU
7. JUNGE
8. WIR
9. EINEN
10. VOR
11. VASE
12. KLEIN

D	R	A	B	E	X	W	G	S	G	O	S	K	Q
C	Q	B	B	K	X	H	U	C	R	I	G	L	S
B	W	Q	O	M	E	A	Z	H	Z	R	R	O	T
A	W	Q	W	K	X	U	Y	E	Y	X	O	U	A
C	H	L	W	M	W	S	A	I	X	E	Y	K	E
K	W	M	A	I	Q	B	U	N	P	O	V	R	M
E	L	H	R	D	Q	S	I	E	W	N	H	A	O
N	G	R	D	O	C	H	C	N	O	K	D	N	T
F	D	X	W	K	A	P	G	X	A	E	O	K	S
P	V	G	W	K	F	O	O	W	M	L	Q	B	I
T	G	M	Ä	D	C	H	E	N	Z	J	Z	Q	O
O	R	V	Q	U	X	L	H	A	L	Y	N	U	N
E	F	X	U	C	R	Y	W	W	P	M	G	J	O
G	I	P	S	U	C	H	E	N	U	H	K	Q	T

Wortsuchrätsel '2' (leicht)

1. HAUS
2. ROT
3. KRANK
4. NUN
5. RABE
6. BACKEN
7. DOCH
8. SCHEINEN
9. SUCHEN
10. MÄDCHEN
11. ONKEL
12. MAI

R	T	O	M	A	T	E	T	Y	C	E	N	T	U
Q	I	E	Q	O	T	T	J	M	O	V	S	D	V
M	O	R	D	A	U	G	E	I	R	I	N	G	W
E	Z	T	H	G	K	C	Q	I	J	E	V	U	X
G	H	I	M	M	E	L	S	R	T	I	E	R	E
C	N	Y	I	F	S	O	V	L	B	U	H	K	K
K	W	V	C	X	Y	U	S	C	X	H	M	X	Y
P	B	D	B	R	O	T	L	J	A	H	R	I	O
G	L	H	K	W	S	F	W	Y	C	H	E	B	L
G	S	E	S	T	E	I	N	M	W	O	D	U	A
E	W	L	H	B	M	R	M	B	Q	C	C	D	P
L	X	U	U	M	U	K	S	U	T	G	K	I	F
B	L	P	W	L	E	N	D	E	D	V	J	R	J
X	T	V	Q	M	D	Y	T	Q	C	U	S	W	E

Wortsuchrätsel '3' (leicht)

1. GELB
2. BROT
3. DIR
4. RING
5. STEIN
6. CENT
7. JAHR
8. TIERE
9. AUGE
10. HIMMEL
11. ENDE
12. TOMATE

Z	W	P	V	N	I	L	J	H	E	E	Q	U	R
O	G	O	G	A	U	C	H	U	N	A	S	E	G
M	I	I	R	C	O	S	N	N	K	V	J	V	M
A	M	H	F	B	W	A	E	Y	B	L	A	U	T
N	V	D	E	M	Y	A	M	N	K	V	H	N	L
E	O	K	U	J	F	I	B	F	Y	Y	W	Y	D
M	E	U	R	O	K	Z	I	E	G	E	E	G	D
K	B	J	K	O	D	E	J	F	D	H	P	N	O
J	E	F	R	B	A	L	O	S	Q	A	F	M	G
O	E	A	S	C	H	W	A	R	Z	D	M	U	S
F	B	K	H	V	P	U	H	C	F	I	P	T	Y
U	F	E	D	E	R	A	B	I	L	D	O	T	J
S	V	B	J	B	X	J	H	K	Q	J	D	I	P
Q	B	M	B	I	E	N	E	M	U	M	C	O	S

Wortsuchrätsel '4' (leicht)

1. MUTTI
2. BLAU
3. ZIEGE
4. SCHWARZ
5. FEDER
6. OMA
7. DEM
8. BILD
9. EURO
10. AUCH
11. NASE
12. BIENE

R	A	D	O	P	N	U	N	R	R	Z	N	M	Z
S	R	E	D	F	S	W	Y	L	F	Q	B	F	K
S	L	N	C	L	F	O	U	W	R	S	U	G	A
O	M	K	C	A	K	L	U	Y	S	I	N	H	U
G	W	E	U	N	P	L	V	V	I	I	T	O	F
F	R	N	L	Z	N	E	U	N	E	O	S	S	E
R	L	B	Q	E	J	N	P	O	B	Q	L	O	N
I	L	T	G	H	B	F	W	D	E	U	Ö	N	W
S	U	H	J	Q	T	Y	U	X	N	H	W	T	U
C	Q	K	Ö	N	N	E	N	Q	E	G	E	R	W
H	B	X	X	S	O	A	W	C	L	W	I	Q	H
P	N	S	X	S	Y	Q	U	A	T	S	C	H	I
D	E	N	D	R	M	Y	R	P	V	W	E	K	B
M	D	Z	R	M	E	I	N	E	X	K	G	J	S

Wortsuchrätsel '5' (leicht)

1. FRISCH
2. WOLLEN
3. MEINE
4. PFLANZE
5. DENKEN
6. KÖNNEN
7. QUATSCH
8. LÖWE
9. KAUFEN
10. SIEBEN
11. BUNT
12. DEN

Wortsuchrätsel '6' (leicht)

1. WIEDER
2. WASSER
3. ZUM
4. WOLKE
5. GEBEN
6. SEI
7. LAUFEN
8. SEIFE
9. WIE
10. LEICHT
11. ENG
12. UND

T	H	S	Q	P	U	W	P	U	M	D	I	C	H
C	W	O	C	H	E	F	U	V	K	Z	F	L	K
S	W	O	N	L	F	N	U	T	R	Z	U	V	E
E	B	R	A	U	N	M	R	I	O	U	Y	G	I
Q	V	N	T	C	Y	Z	B	Z	L	Q	Q	I	N
U	T	D	T	D	B	E	R	S	L	S	Q	H	H
Z	L	Y	I	I	L	B	U	W	E	I	F	Y	P
A	A	J	E	V	E	O	F	M	N	K	I	C	V
G	C	E	R	A	I	L	E	Z	B	D	N	Y	Q
V	H	P	V	C	B	J	N	U	X	O	D	I	X
Q	E	G	W	K	E	U	R	L	I	O	E	D	S
L	N	V	J	P	N	D	G	J	U	X	N	W	E
C	Q	O	B	S	I	D	I	B	C	M	R	R	I
M	U	S	S	H	N	P	K	Q	Z	Y	Q	K	S

Wortsuchrätsel '7' (leicht)

1. BLEIBEN
2. MUSS
3. TIER
4. BRAUN
5. LACHEN
6. EIS
7. DICH
8. ROLLEN
9. WOCHE
10. EIN
11. RUFEN
12. FINDEN

I	B	D	C	D	R	D	L	P	O	V	S	R	L
V	E	A	D	B	X	B	H	G	F	G	J	J	V
O	V	B	S	V	R	B	W	O	R	T	M	F	D
V	A	T	E	R	M	W	T	N	N	B	N	Z	G
W	Q	S	F	N	R	T	S	E	M	Q	K	E	Q
A	G	O	T	A	G	H	W	E	I	T	U	I	S
Z	P	X	J	P	S	X	W	V	Q	K	O	G	L
C	N	R	F	Ü	L	L	E	R	X	M	H	E	X
C	M	Q	P	Q	C	C	J	A	W	J	O	N	C
D	C	G	A	B	E	L	B	W	L	I	T	V	Q
O	T	Z	M	Z	P	R	S	C	H	A	S	E	N
E	G	B	Q	P	L	J	X	F	W	F	E	G	W
B	U	G	Z	A	O	L	S	C	H	O	N	N	N
W	T	R	H	M	E	R	S	N	R	U	F	R	T

Wortsuchrätsel '8' (leicht)

1 VATER 2 SCHON 3 FÜLLER

4 GABEL 5 HASE 6 ZEIGEN

7 WORT 8 AM 9 GUT

10 TAG 11 WEIT 12 DA

M	F	W	G	X	Z	P	F	P	M	M	U	Z	D	H	H
V	R	P	E	Q	V	E	U	V	E	Q	J	D	N	A	K
H	U	I	O	B	I	C	S	U	I	F	A	T	T	I	X
W	Ü	B	E	R	X	D	S	S	N	B	L	Q	N	I	Z
N	C	J	G	P	I	H	G	T	L	T	I	X	C	R	U
G	R	E	O	W	K	J	Y	N	K	C	Z	S	R	P	B
B	E	Z	H	I	W	B	J	D	G	B	W	L	G	U	A
D	X	B	L	N	N	P	I	M	D	Q	T	I	R	A	U
Y	R	U	E	T	E	S	Q	F	M	J	U	N	O	R	E
D	B	O	I	E	K	E	P	E	N	J	H	C	S	B	N
P	Y	V	H	R	U	G	A	Q	V	K	B	Y	S	E	I
K	B	D	I	B	A	U	M	X	R	V	O	T	C	I	W
L	N	I	A	U	F	G	A	B	E	R	G	T	K	T	F
V	G	Y	H	V	F	Q	X	E	I	Q	R	O	V	E	C
J	P	T	W	L	N	R	L	B	K	B	F	Ü	R	N	L
U	X	E	M	Q	W	U	R	M	K	Y	S	W	H	N	X

Wortsuchrätsel 'q' (mittelschwer)

1. FÜR
2. FUSS
3. ARBEITEN
4. ÜBER
5. HAI
6. MEIN
7. AUFGABE
8. EI
9. WINTER
10. BAUEN
11. BAUM
12. GROSS

LENA

Mathias Buhl · Humplgassl 10 · 82515 Wolfratshausen · Germany